上手な人、ヘタな人の差がひと目でわかる イラスト図解版

頭がいい人の文章の書き方

小泉十三
と日本語倶楽部

河出書房新社

頭がいい人の文章の書き方

《目次》

Contents

Contents

プロローグ

文章ほど「頭の良し悪し」が表れるものはない

採用試験で「作文」を重視した理由

出版社に勤めていた最後の二、三年、入社試験の問題作成とその採点、そして面接を担当していたことがある。

試験の内容は、漢字の読み書きや時事問題、教養の有無などを問う常識問題と作文である。私が考えた作文のテーマは、「冬の暖房について〝コタツ派〟か〝ストーブ派〟か、立場を明らかにし、反対派を説得せよ」「落第点をつけた教授に、及第点《きゅうだいてん》をくれるよう依頼する手紙を書け」など、ちょっと冗談《じょうだん》めいたものが多かった。

「つくってみたい本」とか「仕事の夢」のような、ありきたりのテーマで文章を書かせると、学生も心づもりがあるせいか、面白い文章にはめったに出くわさない。これでは、採点する側も退屈してしまうというわけで、「書き手の発想のユニークさや文章力がわかり、なおかつ採点する側が読んで面白そうなテーマ」ということから考えたのである。

受験者たちが書いた作文は、まさに玉石混淆《ぎょくせきこんこう》だった。視点がユニークで、書き出しからこちらの読む気をつかまえて離さないものがあるかと思えば、内容以前に文章が中学生レベルのものも少なくなかった。なかには、「入社試験という場で、こういうフザけたテーマを出す出版社はけしからん」と文句をつけるものもあったが、その作文にはきわめて説得力があったため、私は高い点数をつけた記憶がある。

話が前後してしまったが、じつはこの入社試験を受けられる学生は、事前に送られてきた作文がいちおうの水準に達している人だけだった。作文は、私が勤めていた出版社から刊行された本の感想文で、ここで「並以下」と判断された人は、落とされた。

応募者数は、多い年で五〇〇人以上、少ない年で二〇〇人くらい。そのうち一次試験を受けられるのは五〇～一〇〇人ほどだったから狭《せま》き門ではあった。付言しておくと、出身大学や成績はいっさい考慮されず、審査対象は感想文のみ、である。

こうして、一次試験では、〝感想文審査〟をパスした学生の中から、面接にすすむ二〇～三〇人を選ぶことになるのだが、作文の点数がよかった学生は、常識問題の点数が少々悪くても、一次試験は合格とした。なぜなら「作文のうまい学生は使える」というのが、私たち採用側の一致した経験則だったからだ。

出版社というところは、「人柄《ひとがら》のよさ」や「やる気」より、「頭の回転の速さ」や「ユニークな発想」をまず重視する。「人柄のよさ」や「やる気」も、もちろん大切だが、それは面接で判断すればいい。最近はどうか知らないが、少なくとも二〇年くらいまえはそうで、それには作文を見るのが手っとり早かったのである。じっさい、面接もパスし、最終的に合格した学生には、少なくとも作文の点数が低い人はいなかったはずだ。

文章に表れる「書き手の能力」とは？

さて、いま、私がいった「頭の回転の速さ」や「ユニークな発想」とは、ほとんど「頭がいい」ことと同義だといっていい。

では、なぜ、文章を見れば、書いた人の頭のよしあしがわかってしまうのか？

まずひとつには、どんな作文であれ、それは論理的な思考の産物として生まれるものだからだ。

自分の考えが論理的かどうかは、文章にしてみればよくわかる。文章にできない考えは、まだイメージの段階であり、詩や短歌などの文芸作品を別にすれば、それを他人に理解してもらうことはきわめてむずかしい。

「論理的であること」は、文章が文章として成立するための最低限の条件であり、論理が破綻《はたん》した文章は文章ではない。そもそもの話、他人に理解できない文章（＝論理が破綻した文章）を書くこと自体、無意味ともいえる。

もうひとつ、作文では、自分の論理的な思考をどう披瀝《ひれき》するかという〝プレゼンの技術〟が問われることも、頭のよしあしと大いに関係がある。

たとえば、Aさんの頭の中には、ひとつの〝立派《りっぱ》な主張〟があるとする。しかし、プレゼンの仕方が下手だと、その〝立派な主張〟には誰も耳を貸してくれないし、誰もAさんのことを「頭がいい」とは思ってくれまい。

文章を読んで「頭がいい人」と思われるためには、主張の中身もさることながら、

◎最初の一行をどう書き出すか？
◎どんなエピソードをどういう順番で並べるのが効果的か？
◎うまいたとえ話はないか？
◎そして、それらは、すべて自分の主張に説得力をもたせることに役立っているか？

などを考えなければならない。これらのことを考えることは、すぐれて知的な作業であり、だから文章がうまい人は「頭がいい人」といわれるのである。

頭がいい人、悪い人の文章とは？

では、具体的に、どんな文章を書けば「頭がいい人」といわれるのか？　そのまえに、「頭が悪い人の文章」をお見せすることにしよう。左ページの囲み NGな文章 は、ある会社の入社試験で、学生が書いた作文を抜粋《ばっすい》したもの。テーマは「地球環境について」である。

＊　＊

一読して、幼稚で生硬《せいこう》な文章という印象を受けた人が多いはずである。だが、**この文章の最大の欠点は、結論が凡庸《ぼんよう》だということにある。**

この文章で書き手がいいたいのは、要するに「地球環境をこれ以上悪化させないためにはムダの多い生活を見直さなければならない」ということ。しかし、そんなことは今時、声を大にしていわなくても小学生でもわかっている。

ただ、百歩譲《ゆず》って、結論は凡庸でもいいのだ。**問題は、その凡庸な結論をどう相手に納得させるか。つまり、プレゼンの仕方にある。**

じつは、**この書き手は〝おいしい材料〟をひとつもっている。それは、「タイ旅行の話」**で、それが生かされていないのが、じ

つに惜しい。

また、「京都会議」を持ち出すことで、テーマを大上段から「論じよう」としていることにも問題がある。テーマを「論じ」てしまうと、専門的な知識を持ち合わせていない学生の場合、新聞の社説の受け売りのような内容にしかならないことが圧倒的に多い。

ここは「タイ旅行」という具体的なエピソードから入り、読者に、つぎにどんな話が飛び出してくるのか期待させる——これは「文章を人に読ませる」極意のひとつだ。

このほか、細かい欠点も多い。

まずは書き出し。「地球環境といわれて真っ先に私が思い浮かべるのは……」のように、テーマをオウム返しすることで文章を書き出す人は少なくないが、これはまったく芸がない。文章のプロたる作家も、「編集部から○○のテーマで原稿を書けという依頼がきた」という書き出しで始めることがあるけれど、あれははっきりいって行数のムダでしかない。

ふたつ目の段落に出てくる〝地球人〟という言葉、それも「〝地球人〟としての自覚」とあるのは、かなり気恥ずかしい。三つ目の段落の文章は長すぎるだけでなく、文章の結構《けっこう》が合っていない。

四つ目から最後の段落にかけては、

◎「だろうか」「と思う」「はずである」というあいまいな言い方の文章が多すぎる。断定すべきところは断定しないと、説得力は出ない。
◎「そして」「しかし」「たしかに」「けっして」など、接続詞や副詞が多すぎて、文章がくどい印象を受ける。
◎「である」と「です・ます」が不自然に同居している。
◎四つ目の段落の最初の文と、五つ目の段落の最後の文は、言い回しや内容が重複している。
◎締めの「○○と思うのは、けっして私ひとりだけではないはずである」は、紋切《もんき》り型の典型。気取りや読み手にたいする甘えが感じられて不快な印象が残る。

などの欠点がある。

NGな文章

地球環境といわれて真っ先に私が思い浮かべるのは、先頃、発効した京都議定書のことである。（以下、一九九七年に開催された京都での国際会議のあらましなどがだらだらと説明される。新聞記事の引き写しのように無味乾燥なため、略）

つまり、私たちは、自国だけの利益を考えるのではなく、〝地球人〟としての自覚が求められているのである。

私がこのような〝地球人〟としての自覚を明確に意識したのは、昨年、タイを旅行したときのことで、広大なマングローブの森が、エビの養殖池として次々に伐採《ばつさい》されていたのだった。

地球環境をこれ以上悪化させないためには、世界中の人人が自分の生活パターンを見直すことが大切なのではないだろうか。そして、一人でも多くの人が省エネに努めることが大切ではないだろうか。

しかし、私たちのまわりを見回してみると、使い捨てのモノは相変わらず多いし、夏の冷房温度なども低すぎるところがとても多いと思う。たしかに、人は誰でも不便より便利なほうが快適なものですが、地球環境をこれ以上悪化させないためには、そろそろこういう生活パターンを見直してみる必要があると思うのは、けっして私ひとりだけではないはずである。

Prologue

では、先の文章の欠点を改めるとどうなるか。つぎは、その一例である。

頭のいい文章

昨年の夏、タイを貧乏旅行したときのことだ。(中略)

マングローブの林が続くはずの沿岸地帯で私が見たのは、どこまでも続く四角く区切られたエビの養殖池だった。

ひとつの養殖池は、〇・五～一ヘクタールほど。だが、この池には一平方メートルあたり五〇～六〇尾ものエビが放流されているという。養殖池はひどく濁《にご》り、悪臭が漂《ただよ》っていた。大量の人工飼料やエビの排泄物《はいせつぶつ》によって、水底はヘドロがたまったような状態になっている。(以下、エビの養殖ビジネスの興隆《こうりゅう》が、地球環境を悪化させているひとつの象徴的な〝事件〟として、ディテール豊かに語られる。中略)

地球環境をこれ以上悪化させないためには、世界中の人人がいまの自分の生活を見直す必要があるとよくいわれる。

しかし、そういうことを頭ではわかっていても、私たちは当たり前のように東南アジア産のエビを食べ、次々にモノを使い捨てにし、そして、夏はエアコンなしにはいられない生活を送っている。

そういえば、アメリカの友人が「日本ほど〝冷やしすぎの国〟はない」と言っていた。冷やすべきは部屋の温度ではなく、まず私たちの頭だろう。

いかがだろう。少なくとも前の文章よりは話が具体的で、ついつい読まされてしまった人も多いのではないか。

これは、「タイ旅行」を話の中心に据《す》えるというプレゼンの仕方がうまかったからにほかならない。くわしくは本文でふれるが、テーマは「論じ」ずに、極力、具体的に「語る」……これは、あらゆる文章のキモといっていい。

文章力で頭のよさをアピールせよ

ここ数年、文章を書く人、書きたい人、書かなければならない人が、確実にふえている。メールやホームページ、ブログ、掲示板などに文章を書きこむ人はたいへんな数にのぼっているし、小説やエッセイなどが公募される機会は増加するいっぽうだ。また、大学入試や入社試験などの試験では、小論文や作文がますます重視される傾向にある。

パソコンとプリンタがあれば、誰でも簡単に〝印刷物〟がつくれる現代では、PTAの会報や社史、報告書、企画書などなど、これまで文章には縁がないと思っていた人も何かを書かなければならない機会が、確実にふえているのだ。

こうした〝一億総ライター時代〟では、当然ながら文章のうまいヘタが目立ってくる。しかも、それによって、頭のよしあしまで判断されてしまうのだから、もう「私は文章を書くのが苦手で……」などとはいっていられなくなる。

そのあたりのことは、私があらためて指摘するまでもなく、たくさんの人が実感していたようで、拙著《せっちょ》『頭がいい人』シリーズの読者の方々からも、〝頭がいい人の文章術〟を知りたいという要望をたくさんいただいた。

本書は、私が編集者時代からこれまで二十数年間にわたって培《つちか》ってきた文章術のノウハウをぎゅう詰めにしたものだ。さらに、ビジネスマンからの要望にも応《こた》えて、より仕事に役立つ「文章力の〝強化書〟」をめざした。

多くの読者が、本書で文章力を磨《みが》いていただければ、筆者としてこれに勝る喜びはない。

第1章

書く前の仕込みで大きな差をつけるヒント

とりあえず書き始めるのと、何をどのように書くかを意識して書き進めるのとでは、仕上がりは雲泥《うんでい》の差。テーマ選びの心得から、切り口のあみ出し方、書く材料の集め方・生かし方、書く意欲がわいてくるコツまで、じつはここが明暗を分ける〝仕込み〟の知恵とは…。

人が読みたいと思うことを書く

●「テーマ選び」で失敗しないための心得

これから文章を書こうというとき、パソコンやワープロ、あるいは紙と筆記用具以外にどうしても必要なもの。それは、テーマだ。

就職試験の作文や大学入試の小論文では、テーマはたいてい出題者から与えられるが、では、自分でテーマを考えなければならないときは、どうすればいいか?

テーマというと、小説や卒論などのそれを思い浮かべ、「親子の断絶」とか「幼年期のトラウマ」なんてことを考えてしまう人もいそうだが、ここでいうテーマとは、そんなにたいそうなものである必要はない。

この本が「文章の書き方」について書かれているように、どんな文章も「○○について」書かれている。つまり、ここでいうテーマとは、この「○○」だと考えればいい。

では、具体的には、どういうテーマを考えればいいか? 「綴《つづ》り方教室」の昔からよくいわれてきたのは、「とにかく自分の書きたいことを書きなさい」ということだった。

なるほど、天下国家のこと、家族のこと、趣味のこと、身の回りのこと……ちょっと考えてみれば、誰でも人にいいたいこと、つまり書きたいことのひとつやふたつはあるものだ。であれば、それを素直に文章にすればいい、というわけである。

だが、もう一歩すすんで**「頭がいい人」といわれるような文章を書くためには、あえて「自分の書きたいこと」をテーマにしないほうがいい。**

なぜなら、「自分の書きたいこと」は、往々《おうおう》にして独《ひと》りよがりな意見の開陳《かいちん》に終わってしまうからだ。

小論文であれ、PTAの会報であれ、新聞社への投稿であれ、文章を書こうとするときは、自分の選んだテーマが、想定される読み手が「読みたがっているテーマか?」ということを考えてみてほしい。

もちろん、「人が読みたい」はずのテーマでも、あなた自身《じ》が食指《しょくし》が動かないのなら書くことはない。

つまり、**最初に想定される読み手が読みたがっているであろうテーマをいくつか考え、その中から「自分の書きたいこと」と合致するものを選ぶ**のである。

誰がどんな目的で読むかを強く意識する

テーマは想定される読み手が読みたいことにすべき――。この視点は、テーマの設定だけでなく、文章を書きすすめるうえでも絶対に忘れないでほしい。

なぜなら、**読み手をつねに意識することで、文章はそれにふさわしい内容や文体になってくるからだ。**

たとえば入社試験の作文の場合、読み手はその会社の中堅社員や重役である。そういう、いわば業界のベテランにむかって、その業界のことを知ったかぶりしたような内容の文章では、まず落とされる。かといって、あまりに慇懃《いんぎん》な感じを与える文章でも印象は悪い。こうした場合のポイントは、若者らしく、歯切れよく、かつ謙虚《けんきょ》に、といったところだろうか。

PTAの会報なら、主たる読み手は同級生の奥さんたちだ。そういう彼女たちにむかって、「貴殿《きでん》におかれましては、ますますご清祥《せいしょう》のこととお慶《よろこ》び申し上げます」などとバカていねいな文章を書いては笑われるし、あるいは「二〇〇八年一〇月一一日に開催され

頭がいい人の「テーマ選び」とは？

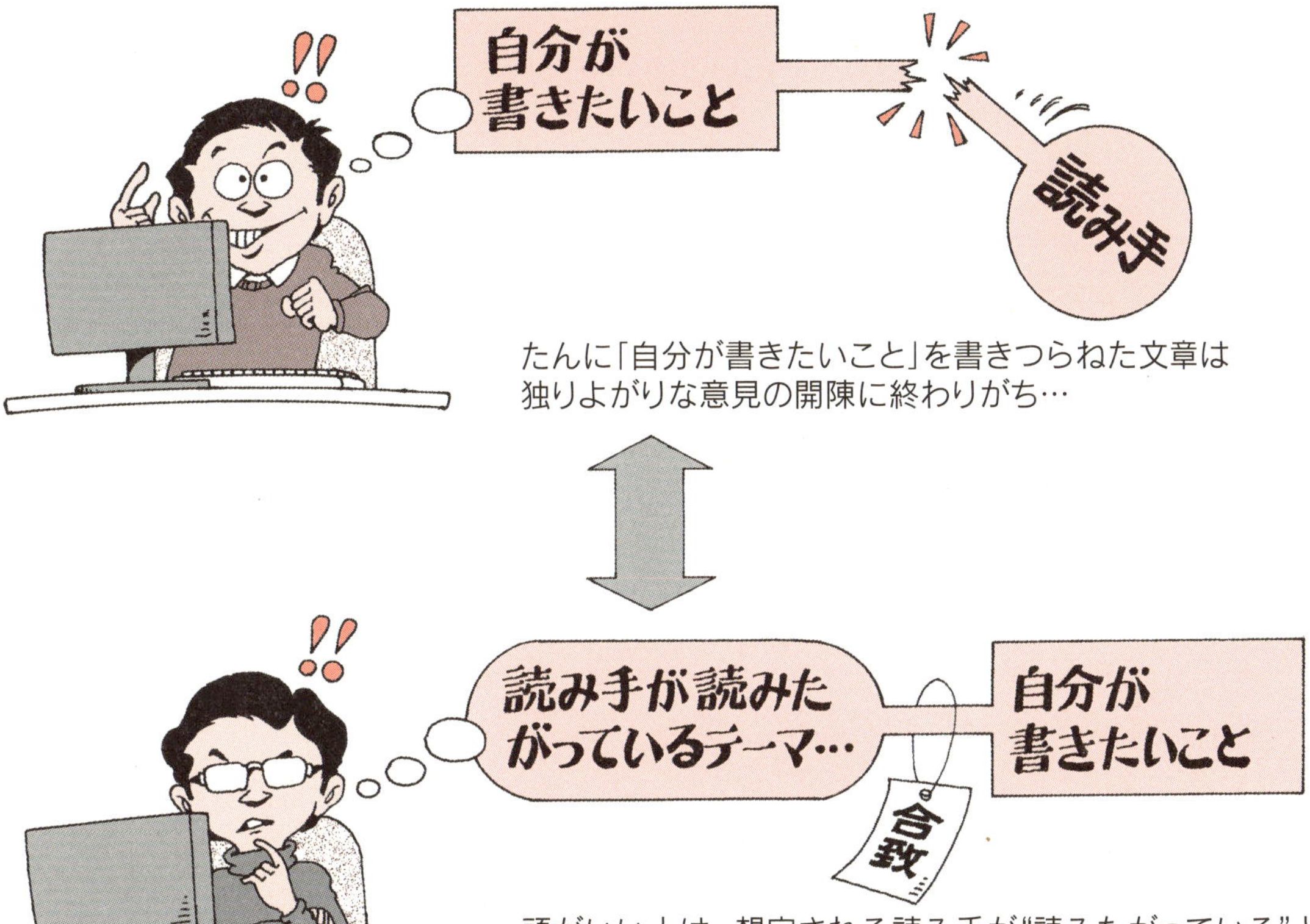

たんに「自分が書きたいこと」を書きつらねた文章は独りよがりな意見の開陳に終わりがち…

頭がいい人は、想定される読み手が“読みたがっている”と思われるテーマをいくつか考え、その中から「自分が書きたいこと」に合致するテーマを選びとる

た運動会では……」と書くより、「先日の運動会では……」で十分のはずである。

むずかしいのは、新聞の投稿欄や公募エッセイなど、不特定多数の読者がいる媒体《ばいたい》に掲載される文章である。

読者には、老若男女、あらゆる職業の人々がいるが、こんなときは、すべての読者に〝いい顔〟をしようとしないのがコツ。みなに〝いい顔〟をしようとすると、けっきょく、身動きがとれなくなってしまうのである。

たとえば、天下国家を論じる内容なら、首相に直訴《じきそ》するつもりで書く。あるいは、身近で起きた〝ちょっといい話〟なら、PTAの集まりでスピーチするようなつもりで書いてみるのだ。

〝受け狙い〟は嫌われる

人の読みたいものを書く。誰が読者かを意識する――。これは、読者に媚《こ》びたり、受けを狙ったりするという意味ではない。

笑いをとろうとか、受けようという意識があると、文章が下品になる。

笑いを誘う文章、つまりユーモアのある文章というのは、ひじょうにむずかしい。ユーモアは、内容だけでなく、文体によってもかもし出されるもので、そういう文章を書くためには才能と努力が必要になる。

また、受け狙いと同じように、読者に媚びるのもいただけない。書いた当人は媚びているつもりはなくても、ある程度、文章が書けるようになると、読者を意識しすぎて、無意識に読者に迎合《げいごう》したり、媚びたりしてしまうのだ。

たとえば「すでにご承知《しょうち》のように」「賢明なる読者なら」といった言葉が乱発される文章は、読んでいて不愉快《ふゆかい》になる人がほとんどだろう。

けっきょく、読者に媚びている文章は、読者をバカにしているのである。

投稿欄やエッセイ集から テーマを見つける

●書くネタが浮かばないときのヒント

新聞の投稿欄からテーマを拾う。同感と思えば共感する文章を、違うと思えば反論する文章を書く

本や雑誌のタイトルや見出しで、興味をひかれたものを自分なりにアレンジして、自分のテーマにしてしまう

テーマは「読み手が読みたいもの」にせよ、とはいったものの、じつをいえばこうしたテーマを発見するのはそう簡単なことではない。

それが一〇〇パーセントわかり、なおかつ切り口が新鮮なら、極端な話、誰でも〝売れっ子コラムニスト〟にでも、編集した本がすべて売れる〝スーパーエディター〟にでもなれてしまう。

現実にテーマを決めるとき、ふつうは日々の問題意識の中から自然にわいてくることが多い。しかし、**とくに問題意識もなく、それでも何かを書かなければならないときは、新聞の投稿欄からテーマを見つける**という方法がある。

たとえばある日の投稿欄には、首相の政治姿勢の是非《ぜひ》から始まって、子どもを虐待《ぎゃくたい》する親への非難、引きこもりの青年にたいする擁護《ようご》、茶髪の若者に電車で席を譲《ゆず》られた話、天寿《てんじゅ》をまっとうした飼い犬とわが半生など、時事ネタから身辺雑記まで、硬軟とりまぜた投書が一〇編ほど掲載されている。で、それらを読み、同感だと思えば共感する文章を、違うと思えば反論の文章を書いてみるのだ。

あるいは、**じっさいに書かれた文章のタイトルや見出しをヒントにする**という方法もある。

たとえば、塩野七生《しおのななみ》氏の『人びとのかたち』（新潮文庫）という、映画についてのエッセイ集をめくってみると、「おとなの純愛」「人間嫌い」「ジゴロ」「『士』であること」「エピキュリアンのすすめ」など、面白そうなタイトルが並んでいる。そのタイトルをそっくりいただいてしまうのだ。

ただし、文章は読まないほうがいい。読んでしまうと、塩野氏がうますぎて、書けなくなる。あるいは、内容が似てきて、二番煎《せん》じになる。ピンときたタイトルや見出しがあれば、それをすこしズラすなり、改変してみてもいい。

テーマ探しには、プロの作家の知恵を借りるのも手だ。

過去の〝鮮烈な体験〟について書く

●「自分のこと」を書くなら、この方法

誰にでも"自分にしか書けない文章"がある

自分だけの"得がたい体験"にスポットを当て、その一部始終を素直に書けば、読み手を引きこむリアルな文章に仕上がるはず

天下国家を論じても、新聞の社説の受け売りのような内容しか書けない。かといって、軽妙なエッセイが書けるほどの筆力もない。となると、テーマはたいてい〝自分のこと〟に落ち着くという人も多いはずである。

ここ十数年、「自分史」が静かなブームといわれるのは、何かを書きたいが、書けそうなテーマは自分のことくらいしかないという人が多いからだろう。

また、自分史は、あらためて取材をしたり、山のような資料を読まなければ書けないというものでもない。

たいていは自分の記憶だけをたよりに書けるから、すぐにでも書きはじめることができる。

「自分史」の落とし穴とは？

しかし、自分史には大きな落とし穴がある。この手の文章は往々にして、先に述べたような〝自分の書きたいこと〟だけを垂《た》れ流した文章になりがちなのだ。

何年どこそこに生まれ、働きながら大学の夜間に通い、無名のメーカーに就職。しかし、高度成長の波に乗って会社は急成長。オイルショックの危機を乗りきり、○○部長に昇進して、やがて定年を迎える。いまは四人の孫に囲まれて平穏《へいおん》な日々を送っている。ふり返ってみれば、まずは合格点といえる人生ではなかったか……。

巷《ちまた》にあふれる自分史は、たいていこのように要約できてしまえるが、これはひと言でいえば履歴書に注釈をつけただけの文章でしかない。

こういう文章を面白いと思って読むのは、おそらく書いた当人と〝理解ある家族〟だけだろう。

ただし、同じ自分のことを書いた文章でも、ひとつの体験に焦点《しょうてん》を当てたものなら話はべつである。

人間は誰でも一生に一作はノンフィクションが書けるといわれる。誰でも一生のうち一回くらいは〝得がたい体験〟をしている。

そんな体験だけに焦点を当てて、そのときの一部始終を素直に文章にすれば、迫力もオリジナリティーもある内容になる可能性が高い。いわゆる〝読ませる内容〟になることが多いのだ。

「自分のこと」を書くのなら、そういう体験をこそ書くべきだ。

じっさい、ノンフィクションの傑作には、プロの書き手ではなく、ふつうの人が自分の鮮烈な経験を書いたものが少なくない。

もちろん、この手は一回しか使えないが、プロをめざすのでなければ、それで十分だろう。

抽象的なテーマは具体的に「語る」べし

●第三者から書くテーマを与えられたときは

大学入試や入社試験の小論文など、第三者から与えられたテーマについて書くときの注意点を考えてみたい。

たとえば、「読書について」というテーマが与えられたとする。このとき、もっともやってはいけないのは、「読書とは何だろうか」のように、いきなり大上段に振りかぶって文章を書きはじめることだ。ふつうの人間が、わずかな時間で卓抜《たくばつ》な「読書論」など書けるものではない。

けっきょく、「読書とは、人間が知的であるための最低限の行為」だとか、「本を読まない若者がふえている日本に未来はない」のような、きわめて凡庸《ぼんよう》な結論に落ち着くか、「書を捨てて町を出よう」といった有名作家の受け売りでオチをつけることになりがちなのである。

これは、ひと言でいうと、テーマを「論じ」ようとしたからである。**いくら小論文とはいえ、テーマは「論じ」てはいけない。テーマは「語る」べきものなのだ。**

「読書」がテーマなら、たとえば子どものころ初めて親に読んでもらった絵本の記憶から「語り」はじめる。あるいは、ベッドでしか本が読めないというモノグサな人なら、そんな自分の読書スタイルを自嘲《じちょう》気味に「語って」みるのもいい。

このほか、マンガ喫茶に集まる若者の生態観察から始めたり、身近に『広辞苑《こうじえん》』を読破した友人なんてのがいれば、その話から始めるというのも悪くはない。

いずれにせよ、「読書」のような**抽象的なテーマは、自分の具体的な体験や自分が目撃した事実などを材料にして、極力、具体的に「語る」ことが大切なのだ。**

その体験や事実がありきたりでさえなければ、小論文はまずまちがいなく合格点がもらえるはずである。

テーマは「自分に当てはめて」書く

テーマが抽象的ではあっても、具体例を描きながら書いていくと、文章はわかりやすいものになる。それも、できるだけ自分に当てはめて書いていくことだ。

自分に当てはめた具体例を思い描くと、それだけで頭の中が整理されてくる。抽象的だったテーマの意味もクリアになり、自分の中で咀嚼《そしゃく》したものだけが書けるようになる。

たとえば、「男女共同参画社会のいま、男ももっと家庭に参加しよう」と書いても、読む側はいまいちピンとこない。

しかし、自分の家庭を思い浮かべ、「男女が共同で働くいま、男も、子どもにみそ汁と目玉焼きをつくってやれるくらいの料理の腕はあってしかるべきだろう。女房が料理をするなら、旦那《だんな》は皿を洗う。女房が家事に追われるなら、旦那はその間は子どもの面倒をみる。それが、男の家庭参加である」と具体例をイメージして書けば、「男の家庭参加」の意味が読み手に伝わりやすい。

家ではゴロ寝ですまされないぞ、と思わせることもできるわけだ。

テーマの〃切り口〃が見つかる簡単な方法

抽象的なテーマを「語る」ための、自分の具体的な体験や事実がなかなか思い浮かばないというときもある。

そんなときは、テーマをい

抽象的なテーマをやさしく「語る」コツ

自分が目にした事実
を材料に…

どんな抽象的なテーマでも、自分のこととして具体的に「語れ」ば、カタいテーマも、わかりやすい文章で書き表すことができる

っけん関係なさそうなモノと結びつけてみるという方法がある。

たとえば、テーマが「愛情について」なら、

・愛情とタバコ
・愛情と電車
・愛情とパソコン
・愛情とメガネ

といった具合だ。

「愛情」という抽象的なテーマを具体的なモノと結びつけることで、記憶の中に埋もれていた体験や事実が掘り起こされれば、それを糸口にして「愛情」を具体的に「語る」ことができる。

もうひとつ、テーマを具体的に「語る」ためには、テーマに副題をつけるという方法もある。たとえば、

・愛情——動物園で目撃したサルの親子の場合
・愛情——アメリカ映画における愛情表現の変遷
・愛情——デート費用の〝割り勘度〟から考える

といった具合である。

こうして副題をつけてみる**と抽象的なテーマが一気に具体的になる。**

それで自分なりの結論にもっていけそうだとなれば、あとはどんな材料をどう並べるかを考えればいい。

じつは、テーマを別のモノと結びつけたり、副題をつけたりすることは、文章の〝切り口〟を見つけるためのもっとも簡単な方法でもある。

文章の切り口というのは、ある意味でテーマ以上に重要だ。

切り口ひとつで平凡なテーマも新鮮になるし、反対に、新鮮なテーマも陳腐《ちんぷ》になる。

テーマと切り口の関係は、料理における素材と調理法の関係に似ている。調理法ひとつで、同じ素材でも、違う料理になってしまう。

どんなに抽象的でありふれたテーマでも、面白そうな切り口が見つかればしめたものだ。抽象的でありふれたテーマを出題する側は、書き手がそのテーマをどう料理するのかを見ているのだから。

自分がわからないことは書かない

●頭がいい人は「わかる範囲」で文章を書く

テーマを設定するうえで、もうひとつ大切なことがある。それは、「自分がわからないこと」は書かないということだ。

「そんなこと当たり前じゃないか」などというなかれ。世の中には「自分がわからないこと」を平気で書きつらねた文章がゴマンとあるのだ。

たとえば、本や新聞で、さっぱり意味がつかめない文章に出くわすことがある。こちらの理解が足りないことが原因ということもあるが、逆の場合もある。つまり、書いている当人が理解しないまま書きつづっている、というケースだ。

自分が書きたい内容をしっかりつかんでいないと、どうしても文章が抽象的になったり、ボカした書き方を多用したりしてしまう。だから、文章はわかりにくくなる。

たとえば、話のネタに「アインシュタインの相対性理論」を使おうとしたとしよう。物理の門外漢《もんがいかん》だった人が相対性理論について、百科事典を調べながら書いても、それはわかりにくいものにしかならない。理解していないから漠《ばく》然《ぜん》としたことしか書けない。

文章を書くときは、「自分のわからないことは書かない」というのが鉄則である。自分のわかっている範囲のことしか書けないといえば当然の話のように思われるが、じつは「自分がわかっていないということがわかっていない」こともある。こうなるとお手上げだが、それほど世の中には自分のわからないことを書いた文章が多いのである。

「アインシュタインの相対性理論」をネタにするのでも、**自分のわかる範囲で書くのならいい。**たとえば「多くの人が理解しようとしてさっぱり理解できないものの代表に、アインシュタインの相対性理論がある」と書けば、これは、そのとおり。「自分がわかっていないということがわかっている」わけで、これはとてもわかりやすい文章になる。

まずは「わからない」という事実を「わかる」こと

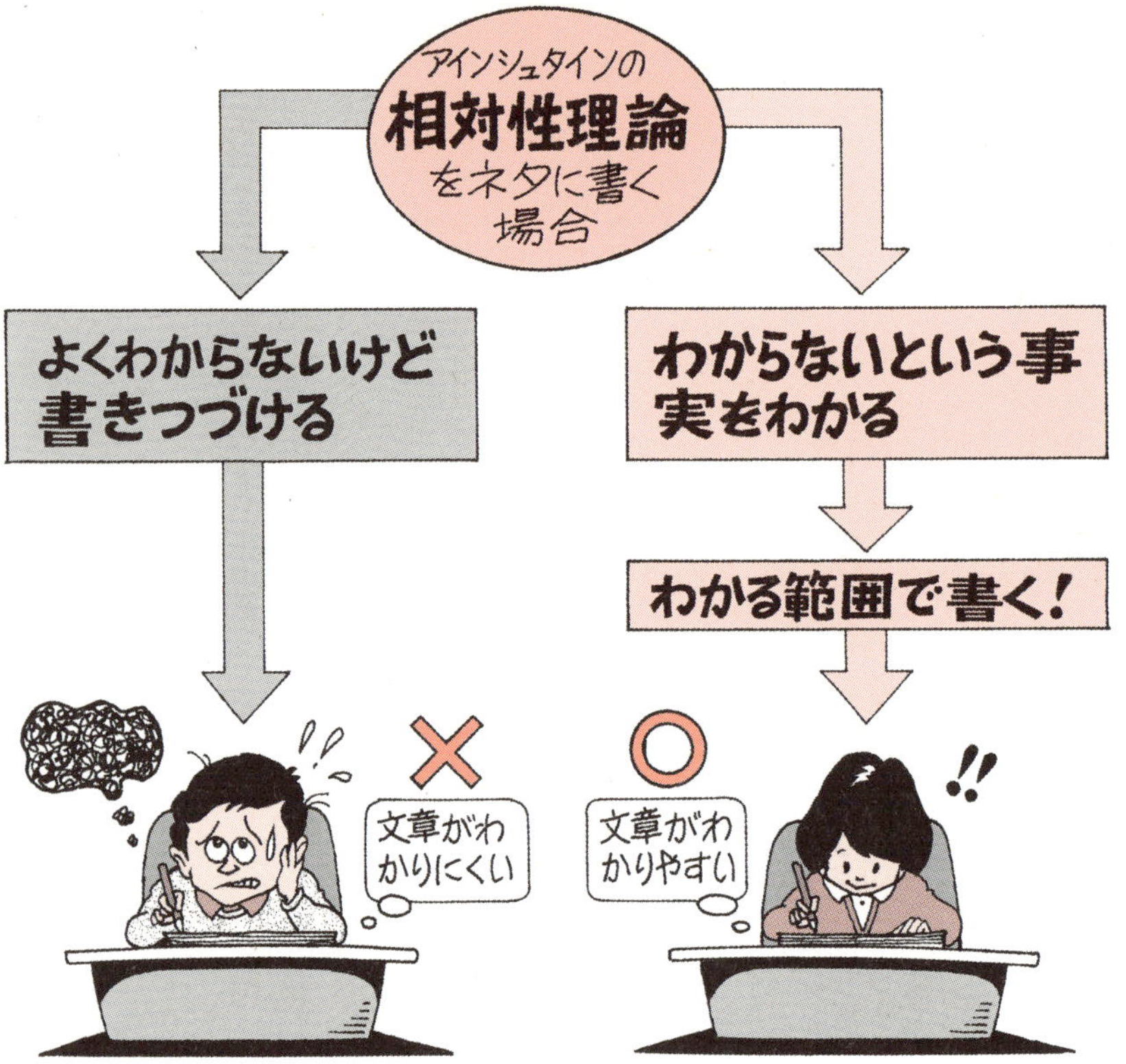
アインシュタインの
相対性理論
をネタに書く
場合
よくわからないけど書きつづける
わからないという事実をわかる
わかる範囲で書く！
×
文章がわかりにくい
○
文章がわかりやすい

自分がわからないことを、無理に書こうとしても、文章は抽象的で、あいまいな表現にしかならない

自分がわかっていることこそ、ていねいに書く

●「そんなの常識」と読み手を置き去りにしていませんか

自分にとっての「当たり前」は、他人には通じない

内容がよく伝わる
内容が伝わらない
他人
言葉を尽くして説明する
自明のこととして言葉を省略
自分がわかっていること

自分がわかっていることは、他人もわかっているだろう、と説明を端折《はしょ》りがちだが、そんなことこそ、相手の立場に立ち、言葉を尽くして説明すべき

わかりにくい文章の中には、書き手は「わかっている」のに、読み手にはさっぱり内容が伝わらない、という文章もある。

その典型が、パソコンなどのマニュアルだろう。初心者はカタカナの専門用語がつぎからつぎへと出てくるだけでも閉口するのに、マニュアルでは「処理される」「消去する」など、ふつうの日本語までパソコン独自の用語として使われることが多い。

つまり、パソコンのマニュアルというのは、ワカル者同士の言葉、すなわち隠語《いんご》によって成り立っているといってもいいほどだ。

私たちは、**自分のわかっていることくらい、他人もわかっているだろうと思いこみやすい。そして、そんな自明のことを、いちいちていねいに書くことはないだろうと、つい省略して書いてしまう。**結果、相手には意味不明な文章になる。

自分のわかっていることと、他人のわかっていることは、たいてい一致しないものだ。あるテーマについて文章を書こうとする場合、そのテーマについては、他人より自分のほうがわかっていることが多い。それなのに、自分のわかっていることをサラリと書いたのでは、読んでいる側にとってはわかりにくい文章になる。つまり、自分のわかっていることこそ、ていねいに書く必要があるのだ。

たとえば、戦後の日本経済の発展について書いているとき、「日本は一九七三年のふたつの危機を乗り越えて……」と書くのは、不親切だ。書いている当人にとっては「ふたつの危機」がドルショックと石油危機であることはわかっていても、読んでいる人にはわからない。下手すると、読んでいる人に「何をエラそうに」とさえ思われかねない。

とくに不特定多数の人が読む文章では、わかっていることこそ、ていねいに書こうとする態度が必要だろう。

書くための材料はたっぷり集めて精選する

●情報をいかに集め、どう原稿に生かすか

プロの物書きというのは、ほとんどの場合〝プロの読み手〟でもある。

ノンフィクション作家や歴史作家なら、膨大《ぼうだい》な資料を読みこまなければならない。かつて司馬遼太郎《しばりょうたろう》が資料探しに東京・神保町《じんぼうちょう》の古本屋街を歩いたあとは、ペンペン草も生えないといわれたのは有名な話だ。

いっけん、想像力だけで書いているように見える純文学系の作家でも、執筆以外のときは、本を読んでいることが多い。

彼らは、すぐには役立たなくても、いずれ書くときに必要になりそうな材料やヒントを、日々、本からインプットしているのである。

書くための材料は、多ければ多いほどいい。すこしでも関係がありそうだ、役立ちそうだと思う本や資料があれば、とにかく目を通し、必要とあればコピーするなり、切り抜いておく。

また、材料は活字とはかぎらない。書こうとしている現場をじっさいに歩いてこの目で見たり、あるいは関係者から話を聞くなどして、あらゆる手を使って集められるだけの材料を集める。

原稿を書くさいの要注意ポイント

もちろん、集めた材料をすべて使うということはまずない。

かぎられた枚数にはおさまりきらないこともあるし、そうでなくても、**すべての材料を使っては、ほとんどの場合、話が混乱するからだ。**

いくら話が具体的だからといって、ひとつの文章に話を詰めこみすぎるとピントがボケてしまう。これは指定された文章の量にもよるが、たとえば原稿用紙三枚（一二〇〇字）なら、具体的な話はひとつかふたつで十分だろう。

かりに、三つの具体的な話を織りこむのなら、どれも同じような分量で書くのではなく、メインの話は一〇行、他は二〜三行という具合に、メリハリをつけるのがコツ。そうでないと、読み手は書き手が何をいいたいのかわからなくなる。

映画でも、重要なエピソードはたっぷり時間をかけて再現するが、小さなエピソードは数カットに編集することが多い。これは、文章でも同じだ。

また、話を詰めこみすぎないだけでなく、結論としていいたいことは、ひとつだけにするというのも文章の鉄則である。

なかには、Aという話を紹介して、そこからこういえる、つぎにBという話を紹介して、ああもいえる……といった具合に、〈材料→結論〉がひとつひとつ違う文章があるけれど、これではけっきょく何をいいたいのかわからない文章になってしまう。

複数の話を使ったとしても、それらはいずれも、ひとつの結論を導くための材料でなければならない。

とにかく材料は集めるだけ集めたうえで、ふるいにかけることだ。

せっかく集めた材料を捨てることは書き手にとってつらいものだが、書き手の頭の中には捨てざるをえなかった材料もインプットされている。それが、文章にふくらみと奥行きを与える。

じっさいの文章には一しか書いてなくても、読者には二も三も伝わる。優《すぐ》れた文章とはそういうものである。

●材料は集められるだけ集める

現場に出向いて
直接見てくる!!
コピーをとる!!
関係者から
話を聞く!!

すこしでも役に立ちそうと思った本や資料には必ず目を通し、コピーをとるなり、切り抜いておく。また、書こうとしている現場を直接見たり、関係者から話を聞いたりするのも有効

●集めた材料は精選する

たとえば3つの
具体的な話を
盛り込むならば
メインの話 多め
他の話は少なめ
といったメリハリ
がポイント!!
精選
すべての
材料

すべての材料を使っては、ポイントがボケて話が混乱するだけ。せっかく集めた材料でも、ふるいにかけて精選することが必要

●材料は「ひとつの結論」を導くために使う

材料が複数あり
それぞれに「結論」
がある文章はダメ
ひとつの結論
材料
材料
材料
材料
材料

「材料」が複数あり、それぞれに「結論」がある文章は、論旨がボケてわかりにくいものになる。複数の話を使っても、結論としていいたいことは、ひとつにとどめよう

資料は、すぐに見られるようにしておく

●執筆がグンとはかどる資料の整理・活用術

資料を使って書く文章では、資料をどう整理しておくかということがとても大切になる。

整理の仕方は、コピーや切り抜きなら、スクラップにしたり、テーマ別の袋に入れたりしておく。本なら必要なページに付箋《ふせん》を貼る、メモ用紙に簡単な見出しをつけてページにはさんでおくなどいろいろだが、資料整理のポイントはひとつしかない。

それは、資料はすぐに見られるようにしておく、ということである。

原稿を書いていて、Aという資料が必要になった。このとき、すぐにAが見つからないと、もうダメである。Aを探す時間がムダということもある。しかし、**せっかく頭の中でまとまりかかっていたことが、Aを探すあいだに雲散《うんさん》霧消《むしょう》してしまう……このマイナスのほうがずっと大きい。**

資料がたくさんあって、机の上には置けないというのなら、床に広げればいい。資料はスピーディーにアクセスできてこそ、価値がある。

プロの物書きの書斎《しょさい》というと、きわめて乱雑なイメージがあるが、彼らはどの書棚にどんな本があるか、あの資料はどの山にあるか、ということをたいてい知っているものだ。

材料、データは一枚のメモにまとめる

資料はすぐに見られるようにしておくべきと述べたが、ここでは一歩すすんで、**文章に使うデータはひと目で見られるよう、短くまとめて、つねに机上に置いておくことを**おすすめする。

どこに何が書いてあるかわからないような膨大なデータほど役に立たないものはない。データのメモは、一枚の紙におさまってこそ使える資料といえる。

たとえば、「脳内物質」のような専門的な分野の文章を書くときは、絶えずデータと首っ引きという状態になるだろう。そんなときは、

・**セロトニン―興奮抑制物質**
・**ドーパミン―快感物質**

とでも書いておけば、それにまつわる論理やセンテンスはおのずと導き出されるはずだ。

もちろん、これは、それほど簡単な作業ではない。いかに暗号のように簡略化されたデータでも、一枚の紙におさめるためには、何が必要で何が不必要かを取捨選択しなければならない。そのためには、何段階かに分けてデータを整理してみることも必要になる。つまり、**最初につくられたデータから、一枚の紙におさまる分のデータを抜き取っていく**のである。

いかにも面倒そうに思えるが、この作業には、ふたつの利点がある。ひとつは、その取捨選択を通して、自分の書きたい文章のアウトラインが見えてくるという点。もうひとつは、書き写すことによって、記憶をいっそう確かなものにしていくことができるという点である。

もちろん、こうして作成したデータだけで事足りるわけではない。暗号化された言葉が、必要なセンテンスを呼び出してくれるとはかぎらないからだ。やはり、データづくりの基《もと》になった参考資料は、つねに傍《かたわ》らに置いておく必要はあるだろう。

つまり、このデータメモは、覚書《おぼえがき》の役目と参考資料の索引《さくいん》という役目を同時に果たすものと考えればいいのである。

辞書と原稿用紙のうまい使い方

●文章力がグンとアップする意外なコツ

●線で消す！
●原稿用紙は余白の多いものがオススメ！
どこに盛りこむのがふさわしい
起・承・転・結……集めた材料が、
該当するかを吟味する。

文章を直すときは、消しゴムは使わず、線で消すこと。前の文章を残すことで、文章がどう変わっていったかという“思考のプロセス”をたどることができる

文章を書くときになくてはならない辞書は、国語辞典と漢和辞典は絶対に必要。さらに、表現を豊かにするための類語辞典や、通信社が発行している『記者ハンドブック』もあると重宝《ちょうほう》する。

辞書の中でもっともお世話になるのは国語辞典だが、ふだん使うものとしては片手でも引けるハンディタイプのものがベストだ。

『広辞苑』のような大型の辞書も必要だが（『日本国語大辞典』や『大辞林』『大漢和辞典』のような超大型の辞書もあるにこしたことはない）、こうした辞書はハンディタイプの国語辞典には掲載されていない言葉や、もっとくわしい語釈などを知りたいときに使う。それだけに使う頻度《ひんど》は少なく、机上に置いておく必要はない。

辞書は、すこしでも自信がなければ面倒がらずに引くことである。ただ、ノッているときにいちいち辞書を引いていると、文章や思考の流れが止まってしまうことがある。こんなときは、とりあえずひらがなで書いておき、清書するときに辞書で確認した正しい表記に直すといいだろう。

また、最近は**電子辞書**を使う人も増えている。紙の辞書より早く引けるし、携帯にも便利で、筆者も愛用しているが、**ポイントはできるだけ画面が大きな機種を選ぶこと。画面が小さい機種は内容がひと目で見渡せないのだ。**

電子辞書は、紙の辞書のように目的の言葉の前後を見て遊ぶことができないけれど、文章を早く仕上げるためにはむしろ好都合かもしれない。

執筆に、原稿用紙を使う効果とは

最近は、パソコンで原稿を書くという人が圧倒的に多いが、文章力の上達のためには、手書き、つまり原稿用紙を使うというのも大いに意味がある。

原稿用紙は、マス目の大きさや紙質、マス目のインクの色など、人によって好みはさまざまだが、基本的には、余白の多いものがおすすめだ。余白が多いと、文章を削って新しい文章を書きくわえるときなどに重宝する。

文章を直すときは、消しゴムは使わず、線で消すだけにする。前の文章が残っていると、あとで読み返すとき、自分の文章がどう変わっていったかがわかる。

司馬遼太郎は原稿に直しや書きこみが多いことで知られたが、こうした箇所は色鉛筆を使い分けながら明示していたため、どんなに直しが多くても編集者にはひと目でわかったという。

これは編集者のためだけでなく、自分のためでもあったはずだ。

どんな場所でも〝書斎〟になる

●書く意欲がわいてくる、とっておきのヒント

文章を書く空間は、自分で確保する

●深夜、自宅のリビングで…

●通勤電車で…

●ファミレスや喫茶店で…

●会社に居残って…

文章力の上達には、とにかく「書く」しかない。やる気さえあれば、どんな場所でも書斎になるので、まずは文章を書く“習慣”を身につけることから始めてみよう

作家には、ホテルや旅館、喫茶店、料亭、出版社の応接室またはカンヅメ用の部屋など、自宅以外に書斎として使っている場所がある。

もちろん、不本意ながら使用せざるをえないケースも多いはずだが、要するにプロの作家は、いざとなれば（締め切りが切迫してくれば）どこでも原稿が書けるということだ。

いっぽう、ふつうの人はなかなかこうはいかない。それは、なかなか「いざ」ということにはならないからだ。

問題は、どうやって、自分を「いざ」という状態に追いこむかだが、それについては、仕事との兼ね合いを考えながら、自分で絶対的な締め切りを設《もう》けるくらいのアイデアしか浮かんでこない。

これはやはり、あなたの「やる気」の問題。ここでは、「いざ」というときの執筆場所のヒントを提示するだけにとどめておくことにする。

まず、「いざ」となれば、あなただって会社に居残って原稿が書けるはずだ。

家には書斎がない、子どもがうるさいというのなら、深夜、家族が寝静まってから、リビングのテーブルでもちゃぶ台でも原稿は書けるだろう。

家や会社ではどうしてもダメ、というのなら、平日夜のファミリーレストランという手もある。この手の店は、客が長居してもうるさいことはいわないし（コーヒーのお代わりさえしてくれる！）、机も広広としている。ほかの客席から死角になる隅《すみ》の席がキープできれば、またとない書斎として使えるはずだ。

このほか、通勤電車で座席を確保して、パソコンで文章を打ちつづけるビジネスマンもいれば、昼休みの喫茶店で一心不乱に企画書を書いている人もいる。

とにかく「書く」となったら、最低でも一時間は集中し、それを週に一度は実行してほしい。それが習慣化できれば、文章が上達するのは時間の問題である。

第2章

読み手の興味をくすぐる話の組み立て方

書く材料の「並べ方」を工夫すれば、文章は格段に面白くなる。起承転結の「コンテ」づくりから、冒頭で読み手の心をつかむ技法、作文試験・企画書・報告文など目的別「うまい文章」の極意まで、〝先を読みたい〟と思わせる文章の創り方とは…。

書きだす前に「コンテ」をつくる

●読み手を満足させるための〝戦略〟の立て方

テーマと切り口が決まり、使う材料もしぼった。あとは、結論にむかって、論理が破綻《はたん》しないように文章を組み立てていけば、自然に文章はできあがっていく。

ただ、論理が破綻さえしなければいいのかというと、そうではない。

たとえば「読書」というテーマで、「マンガ喫茶の興隆《こうりゅう》」を切り口にして、「本を読まないと思考力が育たない」ということを主張する文章があるとする。

論理の展開は、

①マンガ喫茶がどれほどふえているか、その具体的な数字

②マンガは想像力を刺激しないという学説の紹介

③最近、若者による短絡《たんらく》的な事件が多い

④そういえば、ある事件を起こした若者の部屋にはマンガしかなかった

⑤本を読まないと思考力が育たない

だったとする。

マンガファンからはかなり反論がありそうだが、いちおう論理に破綻はない。では、それならこの小論文で合格点がもらえるかといえば、そうではない。

理由は簡単。論理は破綻していなくても、内容があまりにも平凡だからだ。

論理の展開には、読み手の意表をつくような箇所がひとつは欲しい。ストレートを二球つづけて投げたら、つぎにカーブを投げ、最後にもう一度ストレートを投げて三振に打ちとる。そんな展開が理想である。

そのためには、文章を書き出すまえに、「コンテ」をしっかりつくっておくことだ。

コンテとは、簡単にいえば、文章のレシピのようなもの。

たとえば、カレーをつくるとき、材料をそろえるまえに、誰でも、どのようなカレーをつくるかの戦略を立てるだろう。タイ風か欧風か。甘いのか辛《から》いのか。その戦略に当たるものが、コンテだと考えればいい。

コンテの最後に「結び方」を決めておく

たとえば、現在のプロ野球について書こうとするなら、まずは素直に浮かんでくるキーワードを並べてみる。

「視聴率の低迷、大リーグでの日本人選手の活躍、選手の流出を防止するべきか?」

すると、たとえばこんな論《ろん》旨《し》が浮かんでくるはずだ。

純粋な野球ファンとしては、日本野球も大リーグも関係がない。むしろ、イチローや松井のいる大リーグのほうが面白いと思ったとしても不思議はない。いや、大リーグへの移籍を望む選手はみな行かせてやればいいのだ——。

しかし、だからといって「日本のプロ野球など滅んでもいい」と書いては、ただの言いっぱなしになってしまう。では、どう結ぶか?

この場合の結び方の一例を挙げよう。

「プロ野球は、相撲《すもう》や歌舞伎《かぶき》のような日本の伝統芸能ではない。スポーツである以上、世界が舞台であるのは当たり前ではないか。イチロー、松井が、あれほどぴったりと大リーグにハマッている以上、いまさら、大リーグとプロ野球は違う競技だなどという理屈は通用しないのだ」

文章を書くまえに、こうした最後の結び方まで考えておくと、あとは一直線に書ける。論旨にブレのない文章は、読んでいてじつに気持ちがいいものだ。

材料を「起承転結」にふり分ける

●書きたいネタを適材適所に配分する極意

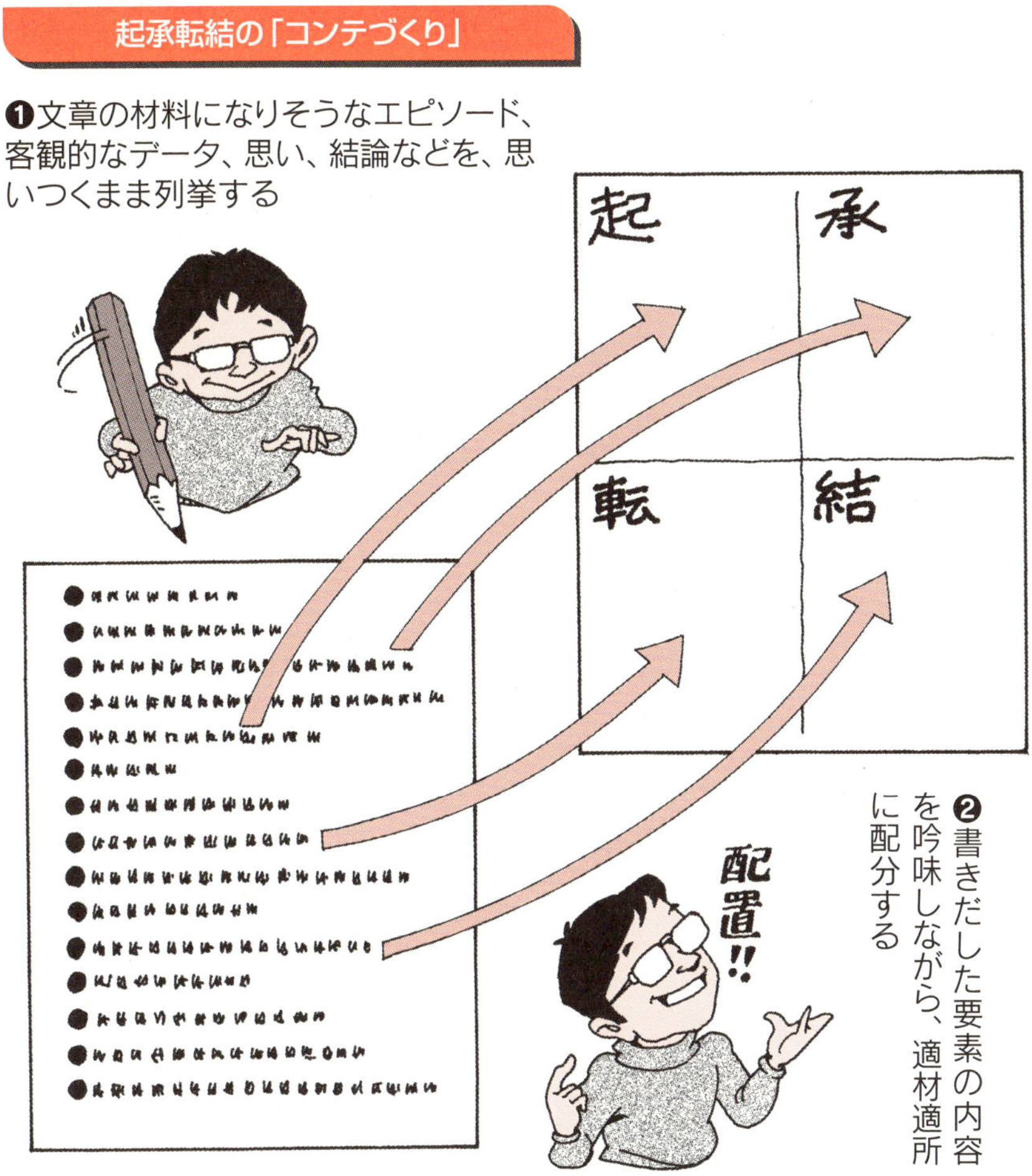

起承転結の「コンテづくり」
❶文章の材料になりそうなエピソード、客観的なデータ、思い、結論などを、思いつくまま列挙する
起
承
転
結
配置!!
❷書きだした要素の内容を吟味しながら、適材適所に配分する

文章のコンテといえば、昔から「起承転結《きしょうてんけつ》」がひとつの形といわれる。この形がもっともストレートに表れているのが四コマ漫画だ。

四コマ漫画は、まさしく起承転結の教科書である。もっとも模範的な四コマ漫画の一例を『サザエさん』から紹介しよう。

起…ワカメちゃんが、体の具合でも悪いような様子で、畳《たたみ》の上にぐったりしている。

承…サザエさんとフネさんが、その様子を心配そうに見守りながら、「どうしたのかしら」と話している。

転…ナミヘイさんが帰ってくる。手には、土産《みやげ》の箱をぶら下げている。玄関に出迎えたフネさんに、ナミヘイさんは、「肉まんじゅうを買ってきた」とひと言。

結…ワカメちゃんが、畳の上に起き上がって、手足をばたつかせて跳《と》びはねている。まさに狂喜乱舞の様相。その手前で、サザエさんとフネさんが、「お医者さんを呼ばなくてよかったよ」と話している。

文章における起承転結を考えるとは、こうした漫画の四つのコマの中に自分の書きたい材料をうまく配分することと同じだ。この起承転結の配分ができれば、文章のコンテはほぼ仕上がったといえる。

具体的には、まず一枚の大きな紙を用意して、そこに線を引いて四等分する。その四つの枠《わく》の上に、それぞれ起・承・転・結と書きこむ。

つぎに、別の紙を用意して、文章の材料になりそうなエピソード、客観的なデータ、思い、結論などをアトランダムに列挙する。

つぎに適材適所の配分を考える。それらの素材を、起・承・転・結のどこに入れるのがふさわしいかを吟味《ぎんみ》したうえで、四つの枠の中にふり分けていくのである。

もちろん、適材適所といっても簡単には決められないだろう。何度も何度も配置転換をしながら、ふさわしい配置を見つけ出していってほしい。

〝アンチ時系列〟で読み手を引きこめ

●冒頭から読み手の心をつかむ知恵

ビジネスマンの中には、『週刊文春』や『週刊新潮』などの週刊誌を愛読している人も多いはずだ。こうした週刊誌は、政財界のスキャンダルから殺人事件まで、いわゆる〝事件記事〟を得意としているが、その手の記事にはある鉄則がゆるぎなく貫《つらぬ》かれている。

「おいしいものから食わせろ」

――この鉄則は、どの雑誌においても、デスクから部下へと、連綿《れんめん》と受け継がれてきているはずだ。

　事件にはかならずプロセスというものがある。たとえ通り魔殺人のような突発事件であっても、あらゆる事件における犯罪の実行行為の場面は、犯罪者の心理や環境をふくめた長いプロセスの結果にほかならない。だから、新人記者はその犯罪の成り立ちを読者にわかりやすく説明しようとして、犯罪者の生まれた環境から順を追って書いてみたりする。

　ところが、これをやるとデスクのカミナリが落ちる。「バカヤロウ！　それじゃ、おいしいとこに行き着く前に読者が読むのをやめちまわぁ！」。

　それでは、鬼デスクの命《めい》に従って書き直してみよう。

　冒頭に生々しい犯罪シーン。つぎに、事件の概要《がいよう》。三番目に、事ここに至るまでの時系列。最後に、冒頭にもどっての総括《そうかつ》を三行ほど。つまり、コース料理の逆。メインディッシュをいきなり差し出すのである。

　なぜか？　答えはいたって簡単。**けっして忍耐強くない読者は、冒頭が面白くなければ、あっさりと読むのをやめてしまう**からだ。

　映画ファンなら、映画にもこの鉄則が生きていることに気づくはずだ。

　冒頭に、説明抜きの印象的な映像、謎《なぞ》めいた会話が流れる。観客は、それが何を表しているかはわからないまま、ひたすら、それらの印象の鮮《せん》烈《れつ》さに引きこまれる。気のきいた映画ほど、冒頭から一〇分ほどは、肝心《かんじん》な場面が説明抜きで展開される。そこで、観客は、ある種のイラ立ちを覚える。が、これは、歓迎すべきイラ立ちである。

　なぜなら、それは、早く説明が欲しい、という好奇心を刺激されたことによるイラ立ちだからだ。

　というわけで、アンチ時系列のコツがもうひとつあった。それは、**冒頭のおいしい部分は、ある程度謎めいていて、読者をじらすくらいがいい**、ということである。

書き出しで「過去にさかのぼる」テクニック

　小説には、冒頭の部分だけが回想の形式で始まる手法がある。

　話が混乱するといけないので、すこしわかりやすく説明しよう。ここでいうのは、本編の時制（時間的位置）が現在に置かれている場合であって、過去の出来事を書く場合に、のっけから過去に飛べということではない。

　例としてわかりやすいのが、『パール・ハーバー』という映画の冒頭シーンだ。一九二〇年代のアメリカの中西部で、ふたりの少年が、農家の片隅《かたすみ》に捨てられた壊れたプロペラ機に乗って遊んでいる。そのシーンが終わると、場面は、太平洋戦争勃発《ぼっぱつ》前のアメリカ空軍基地に飛ぶ。ふたりの少年は、戦闘機のパイロットとなっている。ここから、話は、現在進行形の時系列に変わる。

　この手法の効果は、観客にちょっとした意外性を感じさ

●おいしいネタから書きはじめる

出だしが退屈だと、読み手は最後までつき合ってくれない。あえて時系列を無視して、いちばん興味深いネタを先に出せば、読み手は「早く先を読みたい！」という気にさせられるものだ

●書き出しで「過去」にさかのぼる

「現在」のある出来事について書くとき、あえて「過去」の出来事から語りはじめてみる。読み手はその意外性に驚き、文章に引きこまれてしまうはず

せることにある。真珠湾奇襲を舞台にした恋愛ロマンだと思っていた観客は、中西部の農家で戯《たわむ》れるふたりの少年という牧歌《ぼっか》的プロローグを予想していない。予想しなかった始まり方をされるだけで、観客は何のことかという思いで、しばらくは引きつけられる。

　ちなみに、この手法が最大限の効果を発揮していたのが、スタンリー・キューブリック監督の『2001年宇宙の旅』だろう。なにしろ、近未来の宇宙空間を舞台にしたSF映画としか思っていなかった観客は、映画の冒頭で猿人たちが跳びはねる原始時代に連れこまれるのだから……。

　ともかく、このやり方は、どんなテーマの文章を書くさいにも応用がきく。たとえば、**現在の不況について書くのに、冒頭にバブル期の異常景気のことをもってくるのもいい**だろう。そうすると、虚飾《きょしょく》と衰《すい》亡《ぼう》の明暗のコントラストをより効果的に描くことができるというわけである。

書き出しは印象的で短いほうがいい

●一行目からノッていける文章、つまずく文章

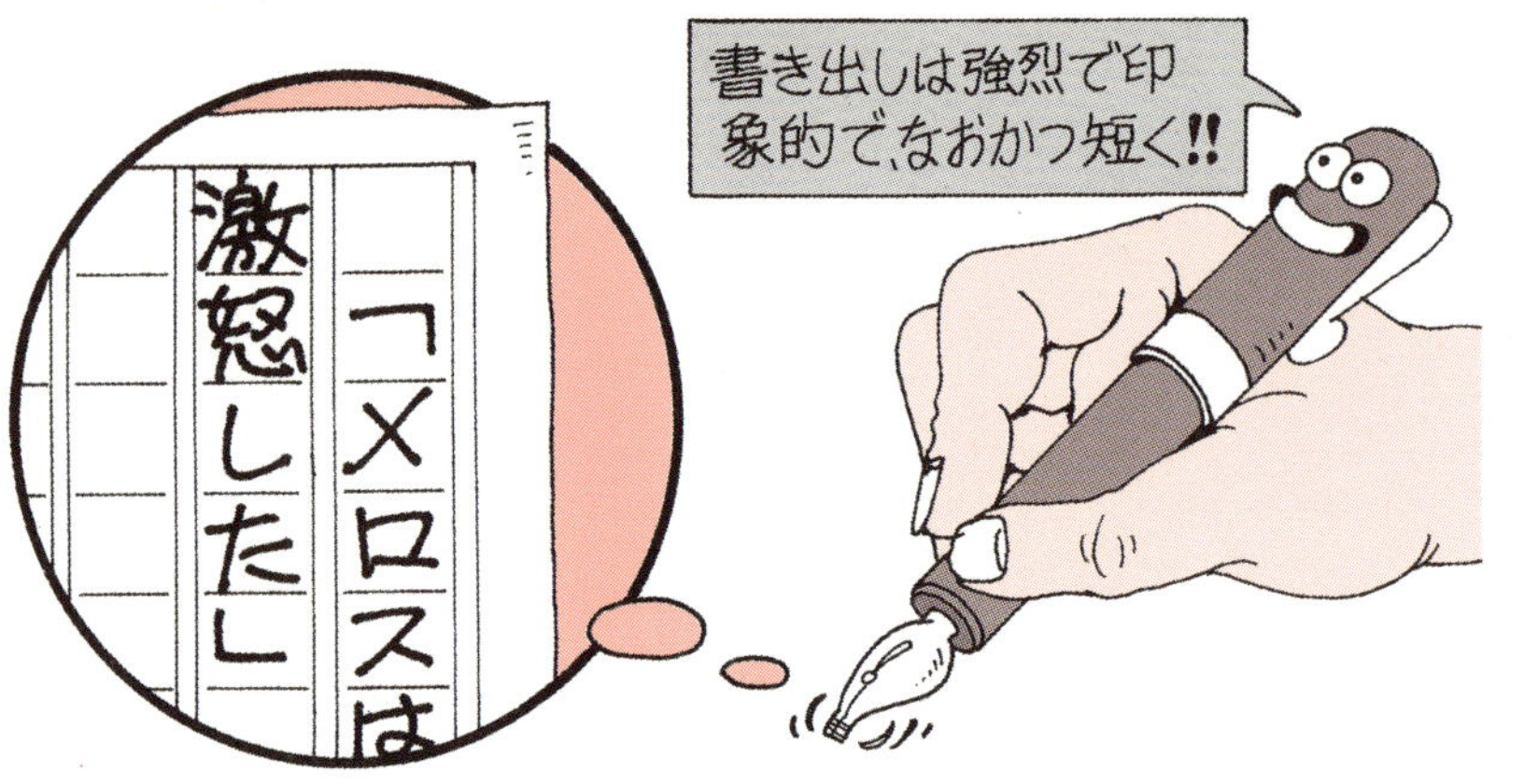
書き出しは強烈で印象的で、なおかつ短く!!
「メロスは激怒した」

短く、引き締まった書き出しは、読み手の心を一瞬にしてつかむ効果がある

書き出しが決まれば、その小説は書けたも同然。そんな言葉を耳にしたことがある人もいるはずである。

どこの小説家がいったのかは知らないが、この言葉は、世の小説家たちが、いかに書き出しで悩みつづけたかを雄《ゆう》弁《べん》に物語っている。この言葉は、書き出しが決まらなければ、小説は書けない、という意味でもあるからだ。

それでは、なぜ、書き出しがそれほどむずかしいのか。それは、書き出しは、その小説のアイデンティティーの表明だからだ。

舞台では、ある役者が登場したとき、服装、振る舞い、歩き方、しゃべり方によって、一瞬にして、そのキャラクターがどんなものであるかを表明する。

書き出しは、それに似ている。だから、書き出しは、強烈で印象的で、かつ短いほうがいい。

なかでも、もっとも肝心《かんじん》なのは「短い」ということだ。登場の印象は、一瞬にして決まるのである。

以下に、名作古典の書き出しを紹介しよう。

「メロスは激怒した」（太宰治著『走れメロス』）

「山椒魚《さんしょううお》は悲しんだ」（井伏《いぶせ》鱒二《ますじ》著『山椒魚』）

「国境の長いトンネルを抜けると雪国だった」（川端康成著『雪国』）

思わずうならせられる、ひきしまった書き出しである。

これらの小説を読むと、この短い書き出しが、本編のたたずまいを一瞬にして表していることがわかる。

もちろん、ここで紹介したのは第一級の技であって、シロウトに求められるようなものではない。

しかし、短くてひきしまった書き出しは、小説ではなくても大いに見習いたい。そのさい、こうした名作の書き出しは、最上の模範になってくれるはずだ。

悩んだら、素直な書き出しに戻してみる

「ある日の夕暮れのことである」

芥川《あくたがわ》龍之介の『羅生門《らしょうもん》』の書き出しである。芥川龍之介の小説には、あまり書き出しに悩み抜いた跡は見られない。かの有名な『蜘蛛《くも》の糸』でも、「ある日のことでございます」とあっさりと書き出している。

むろん、これは芥川があれこれと研究を重ねた末の結論なのだろうが、ごく素直な書き出しにはそれなりの魅力があるということも忘れてはならない。

ということで、ここでは、あまり凝《こ》ったりヒネッたりしない形の書き出しについて考えてみたい。

ある中堅の新聞記者から、

書きたいネタを「誰かに聞かせてみる」効果

ポイントさえわかれば、書き出しもスムーズ!!
オッ!ポイント!
笑い
うなずき

書きたいネタがあるのに、どうにも筆が進まないときは、誰かにそのネタを聞かせてみるといい。相手が笑ったり、うなずいたりしたところが、ネタの核心部分。それさえわかれば、書き出しもスムーズにいくはずだ

こんな話を聞かされたことがある。

きわめて面白いネタを手に入れたので、デスクに報告したら、即オーケーになった。そこで、さっそく原稿用紙にむかったのだが、これがどうしてもうまく書けない。

うまく話せたのに、どうしてうまく書けないのか？

不思議に思った彼は、デスクに報告したとおりに、話をテープに吹きこみ、それを書き起こしてみた。すると、なんのことはない、文句なしに面白い記事が書けた。

以後、彼は、書きたいと思う内容をテープにむかって語り、それを記事に書き起こすという方法をとりつづけているという。

この記者のやり方は、あなたが文章の書き出しで悩んだときにも使えるはずだ。

人に何かの話をすると、そのネタがもっている魅力なり面白さを再確認できることが多い。誰だって、目の前でつまらなさそうな顔をされたりソッポをむかれたりするのは嫌《いや》だから、相手が退屈しないように、自然と余計な能書きや表現をはぶく。その結果、ネタの面白さが際立つからである。

あなたも、どうしてもうまく書けないときは、そのネタを誰かに聞かせてみるといい。相手が笑った部分、うなずいた部分が、そのネタのポイントである。ポイントさえ摑み取れれば、書き出しもスムーズにいくものだ。

書き出しのタブーを知っておく

入社試験の作文で、「教科書問題」というテーマが出されたとする。そうすると、少なからぬ人が、「昨今、教科書問題が紛糾《ふんきゅう》しているが」というふうな書き出しをする。この書き出しは、読む側にとっては、何らの意外性もない。

理由はしごく単純である。書き出しにテーマ・タイトルと同じ言葉がくり返されているからである。

もっとひどい書き出しもある。たとえば「故郷」というテーマの作文で「故郷といわれて私が思い出すのは……」とか、「私の愛読書」というテーマなら、「〝私の愛読書〟というテーマを与えられたが……」というもの。

これにくらべれば、「昨今、教科書問題が紛糾しているが」のほうが「紛糾している」という言葉がつけくわえられているだけまだマシというものである。

これまで述べてきたように、書き出しには、それにつづく本編をリードするという鉄則がある。したがって、読む側も、書き出しに工夫のない文章には、のっけから失望させられることになる。

たとえ気のきいた書き出しが浮かばなかったとしても、**この初《しょ》っ端《ぱな》のオウム返しだけは絶対に避けるべき。**採点者によっては、この書き出しを見ただけで、×をつける人もいるはずである。

エピソードで文章に説得力をもたせる

エピソードの効果と注意点

●形容詞では表現できないニュアンスを伝える法

エピソードは、どんな形容詞にも勝る説得力がある。ただし、エピソードは人によって受け止め方が違うので、そのエピソードをもって何を伝えたいのかを明確にすること

一章で、テーマは「論じない」で「語るべし」という話をした。そのために絶対に欠かせないのが「エピソード」である。

文章の中ではともかく、誰でも、日々の会話の中では、エピソードというものの機能を効果的に使っているはずだ。「あいつは、意地悪なやつだ」という話になったときに、あなたはかならず「どんなふうに？」と聞くはずである。その問いにたいして、相手は「先日も、こんなことがあったよ」といいながら、具体的なエピソードを話しはじめる。

そのエピソードがディテールに富んでいて、なおかつリアリティーがあれば、「あいつは意地悪だ」と一〇〇万回いうより、よほど説得力がある。エピソードには、そんな力がある。

良寛《りょうかん》という風変わりな仏僧をご存じだろうか。良寛は「無《む》邪気《じゃき》で純粋な人」だったといわれるが、その人柄《ひとがら》を示すこんなエピソードがある。

ある日、托鉢《たくはつ》に出た良寛が、かくれんぼをする子どもたちに出会った（托鉢とは、修行僧が、経文《きょうもん》を唱えながら家々を回って、鉢《はち》に米や金銭をもらい受けること）。

良寛は、仲間に入れてもらい、鬼の役になった。夕暮れになって子どもたちが帰ってしまったあとも、良寛は、樹に顔をくっつけて「もういいかい」といいつづけた。

おかげで、托鉢をする時間もなくなって、その夜は何も食べずに過ごしたとさ。

このエピソードは「無邪気で純粋」という形容詞よりも、良寛という人物をよほど雄弁に物語っている。というよりも、形容詞では語れない情緒《じょうちょ》的なニュアンスさえ伝えている。エピソードの力、恐るべし、である。

ただし、エピソードというのは、あったことをありのままに投げ出せばいいというのでもない。

ひとつの現象は、見る人によってさまざまな様相を呈《てい》する。つまり、〝目のつけどころ〟というものが大切になってくる。

別な言い方をすれば、**ひとつのエピソードを文章の中で使うには、全体の論旨においての位置づけ、つまり、自分はそのエピソードを通して何をいいたいのか、が明確でなければならない。**

たとえば、女子高生たちの「〜とか」「〜だし」というやり取りを見て、日本語は破壊されたと思う人がいるいっぽうで、それらをして、日本古来の断定を避《さ》けた奥ゆかしい言葉、と評する言語学者もいる。

自分はどちらの見方をしているのか。それはエピソードの前後で、きっちり説明しておく必要があるだろう。

〝あるあるネタ〟で共感の笑いを誘え

●コラムやエッセイに学ぶ〝読ませる文章〟の創り方

鋭い観察眼で“あるあるネタ”を探せ

日々のなにげない情景や出来事を徹底して観察してみる。そこから生まれる〝あるあるネタ〟は、読み手の共感を誘う強力な武器になるはずだ

落語には、かならず〝まくら〟がある。本題の噺《はなし》に入るまえに、落語家が今時の世相をボヤいたり、皮肉ったりして、軽い笑いをとる。

まくらは、文章にももちろん使えるが、さらにいえば、コラムや軽いエッセイの中には、まくらだけで終わるものもある。この手の読み物は、読者をニヤリとさせることが目的だから、まくらだけで終わってもいっこうにかまわないのである。

ただ、この手のコラムやエッセイには、いつからか、おかしな誤解がつきまとっているようだ。コラムやエッセイは、足と目を使わなくても書ける。頭の中にある私的な思いをつづればいいのだから、という誤解である。

これは、おそらくコラム、エッセイと称する文章が、軽い小さなテーマを扱うことが多いことからきているのだろう。軽くて小さいなら、机の前に座って目をつぶったまま書ける、というわけである。

しかし、これはとんでもない誤解だ。**コラム、エッセイを書くためには、軽妙な文章が書けるだけの筆力はもちろん、観察眼こそが必要になる。**

コラムニストは、いつもいつも目と耳をそばだてている野次馬、噂《うわさ》好きの仕事なのだ。

現代の若手名コラムニスト、リリー・フランキーと鎌倉時代の名エッセイスト、吉田兼《けん》好《こう》の文章を読みくらべてみるといい。

両者のスタンスは、ひじょうに似通っている。一に観察、二に観察、三、四がなくて五に雑感。つまり、いっけんして、皮肉や批判をいいたいほうだいに書いているように見えても、じつのところ、その大半の作業は、あくなき噂の収集と観察に占《し》められているのである。

ある特定の看板、雑踏《ざっとう》、人、テレビを細かく観察していると、そこには〝似たようなところ〟が見えてくる。

たとえば、テレビの二時間サスペンス劇場の犯人は、残り三〇分になった時点でかならず風光明媚《ふうこうめいび》なところに立って犯罪の告白を開始する……というふうに。

ここまで書けば、すでにお気づきだろうが、**コラム、エッセイのミソは、執拗《しつよう》なまでの観察によって発見した〝あるあるネタ〟にあるのだ。そして、そこで生まれる笑いは、共感の笑いにほかならない。**

こうした笑いは、ビジネス文書などを除けば、ぜひとも文章に欲しいところだ。

いや、ビジネス文書でも、企画書の「趣旨」を書くときには、一～二行でいいから〝あるあるネタ〟があってもいい。上司をクスリと笑わせることができれば、その企画が通る可能性は二倍になったと思っていいだろう。

試験の作文は構成を「三段階」にする

●起承転結の「転」をはずす効果とは

さて、ここでは、大学の論文や就職試験の作文などの構成について考えてみよう。この手の文章は、いうまでもなくコラムやエッセイとは別物と考えるべきである。

結論からいえば、**論文、試験の作文からは、起承転結の「転」を取り除いたほうが賢明**だということ。起承転結の転は、思いもよらない新しい展開がなされるわけだから、なかなか高度な文章術を要求されるのだ。

学者や研究者の中には、養《よう》老猛司《ろうたけし》、梅原猛《うめはらたけし》、リチャード・ドーキンスのように、巧《たく》みに起承転結を使いながら魅力あふれる論文、エッセイを書く人もいる。

しかし、試験の文章を書くときだけは、彼らの真似事《まねごと》はしないにかぎる。

転を外すということは、構成をシンプルな三段階にするということだ。すなわち、起承転結から「序破急《じょはきゅう》」への転換である。

序が前書き、破が本文、急が結論。そうしておけば、一本のすっきりとした縦《たて》糸が通って、わざわざ前半部をくつがえす展開をしなくてすむ。試験には、試験向きの対応策があるのだ。

これには、制約のある時間への対応というほかに、読む側への対応という意味もある。

大学の先生や企業の試験官の大方は、特別なユーモアや工夫を求めない。というより、それらの価値を理解しないといったほうがいいかもしれない。

そんな彼らは、大胆《だいたん》な流れの急展開を見せられたときには、こんな反応をする恐れがないでもない。

「なんだ、こいつは、いままで書いてきたことと、ぜんぜん違うことを書きはじめたぞ。頭が混乱しているのか無責任なのか、いったい、どっちなんだ？」

〝転〟は、危険すぎる。

警句や名ゼリフから書き出すのも手

小論文の書き出しにも、小説とは違った味つけが欲しい。

たとえば誰でも、これまでの人生を通して、さまざまな警句《けいく》を耳にしたり学んだりしてきた覚えがあるはず。魅力的な警句をいきなり冒頭にすえて、以下の文章を、それを受ける形で展開していくと、なかなかひきしまった小文になる。そのさい、**古い警句と現代の出来事をうまく重ね合わせるのがコツ**である。

たとえば、ここ数年、墓地の値段の高騰《こうとう》という事情も手伝って、さまざまな埋葬の方法が注目されている。粉状にした骨を海や山にまく散骨もそのひとつだが、この埋葬法は、日本古来の死者への儀礼をくつがえす、ある種の文化的な革命ともいえる。

そこで、散骨についての論文の書き出しに、聖書の一節をすえてみる。

「死にたる者に、その死にたる者を葬《ほうむ》らせよ」

イエス・キリストは、死者は風や土が消し去るにまかせるがいいという言葉によって、葬儀の虚礼《きょれい》を戒《いまし》めており、この言葉を文章の最初にすえることで、散骨を是《ぜ》とする小文を書き出すのである。

もちろん、**書き出しに使う例は、警句でなくてもいい。流行の歌詞、政治家の言葉、故事、短歌**などなど。

多少のこじつけはかまわない。うまい小論文は、ひとつのテーマから逸脱《いつだつ》することなくスマートにまとめあげられているもの。むしろ、冒頭に

試験の作文対策には、起承転結の「転」をはずす

起承転結の「転」は“予想外の展開”だから、採点者は困惑し、「否」をつけるおそれが…。
「転」をはずして構成をシンプルにすれば、採点者は好感をもち、「合」を出してくれるはず

投げ出した警句に話をこじつけていくことで、迷いのない文章になることもある。

ちなみに、この方法、小論文だけでなく、ちょっとしたエッセイを書くときにも重宝する。たとえば、文章の冒頭に、谷崎潤一郎の『陰翳礼讃《いんえいらいさん》』の一節、**「影こそ日本の美なり」**をもってくれば、もっともらしい文化論だって書けてしまえそうではないか。

じっさい、気のきいた警句や言葉は、書き手の脳を活性化させてくれることがある。原稿用紙の五～六枚なら、その勢いだけで十分書けることも多い。

壮大なテーマほど身近な話から始める

たとえば、地球温暖化の問題やヒトゲノム計画の問題といった大きなテーマについて書かなければならない場面に行き当たったとする。

こうした大テーマにおいて、いちばんやっかいなのは、実感をともなわせることのむずかしさである。

人は、自分の机の汚さは見えていても、地球の汚れは目に見えない。衛星放送の配線のことは理解できても、遺伝子の配列まではとても想像が及ばないのだ。

ならば、それを逆手にとって、イメージしきれない大テーマをイメージできる日常に引き寄せてしまう、という手がある。

つまり、**実感できる範囲内のささいなことから書きはじめると、非日常的な大テーマも、自然に自分のテーマになっていく**ということだ。

その意味からすれば、地球温暖化というテーマは、温度や空気への体感をともなうので、比較的アプローチしやすい。

では、ヒトゲノム計画は、どのようにアプローチすればいいのか。とにかく、この問題からもっとも実感できることを書くにかぎる。

たとえば、自分が、毎年、重度の花粉症に悩まされているとする。これまでの科学だと、アレルギーは個人の体質にかかわることだから、花粉症もアトピーも治療できないということになっていた。

だが、人類の遺伝子構造を解析《かいせき》するヒトゲノム計画は、おのずと遺伝子構造の個人差にも目をむけていくことになる。この計画が実を結んだあかつきには、個々人のアレルギー体質をもたらす遺伝子構造までもが解析されることになり、自分は、毎年苦しめられている花粉症から救われるかもしれない……。

こんな具合に、大テーマだからといって、いきなり大局的な見地に立ったり、慣れない問題意識を振り回したりせずに、ささいなポイントから書きはじめて、まず、その問題と慣れ親しんでみる。

こうすると、期せずして読者と同じ立場に立つことにもなる。ひとつの〝あるあるネタ〟（31ページ）として、読んでもらえるのだ。

報告文は「結論から書く」が大原則

●発端やプロセスは後回しにすべき理由

会社を辞めようと決心した人が、その意思を上司に告げるさい、ふつうはまず「辞めさせていただきたいのです」という結論から先に述べ、つぎに、その意思を固めるに至った事情を述べる。

人がひとり辞めるという〝事実〟は、辞める〝理由〟に優先する。誰もが、社会人の本能としてそれをわきまえているわけだ。

会社での企画書、報告書などの実用文についても、じつはまったく同じことがいえる。

この手の文章は、何より一刻も早く上司や同僚に結論を知らせることが肝心。**発端からプロセスなどの話は後回しにして、最初に結論を書くことが大切**なのだ。

この原則は、新聞記事にも当てはまる。新聞記事は、見出しのつぎにリードといわれる短い文章があり、つぎにくわしい記事がつづく。見出しで読者を引っぱり、リードで事件や概要を伝えるわけだが、リードには、殺人事件なら、犯人は誰で、逮捕されたのか、逃走中なのかといった、読者がいちばん知りたいことが、形容詞抜きで書いてある。

つまり、リードを読むだけで、その事件のアウトラインがつかめるようになっている。

報告書の冒頭は、新聞記事のリードを書くようなつもりでいい。

意見は、事実を報告してから述べる

報告文で、もうひとつ大切なことは、意見は事実を報告したあとに述べるということである。

たとえば、公立中学の「学校選択制」について反対の意見を述べる文章を書くとする。

まずは「事実の報告」である。学校選択制が導入されて約一〇年、東京では二八市区が導入しているが、人気校と不人気校の二極化が進んでいる。

たとえば、二〇〇八年の春、足立《あだち》区で新入生の入学率がもっとも高い中学校は一九〇パーセント、もっとも低い学校は二八パーセントだった。

ところが、前橋市では二〇〇九年から、この制度を廃止する。特定の学校に生徒が集中するようになったため、遠距離通学者がふえ、地域と学校のつながりが希薄《きはく》になったというのがその理由である。

では、**この〝事実〟のどこに目をつけることで、「反対」という結論にもっていくか？**

前橋市のように、学校と地域のつながりが希薄になることのマイナスを挙げてもいいが、これでは新鮮味がない。

そこで、ここではそもそも**学校選択制が、どういう経緯で導入されたのかという視点に立ってみる**のだ。

学校選択制は、当時流行していた規制緩和《かんわ》のひとつで、教育現場に〝市場原理〟〝競争原理〟を導入しようとしたものだった。

つまり、生徒が学校を選べるようになれば、学校関係者は自分の学校を〝いい学校〟にすべく努力するようになり、最終的にはすべての学校の質が高まる、という論理である。

当時はそれなりに説得力のある意見だったが、じつはここに大きな間違いがあった。

市場原理というのはもっと残酷で、複数の選択肢からひとつしか選べないとき、選ばれなかったものは、淘汰《とうた》されてしまうのだ。

これが商品の場合なら、それでもやむをえまいが、公立学校が不人気を理由につぎつぎに廃校になっていいのだろ

●結論から先に書く

報告書
結論
まずは…

報告すべき事柄の「発端」や「プロセス」は後回しにして、真っ先に「結論」を書くのが大原則。結論は、新聞記事のリード文のように、読むだけで、伝えるべき事柄のアウトラインがつかめるような内容にするとよい

●意見を述べるのは、事実を報告してから

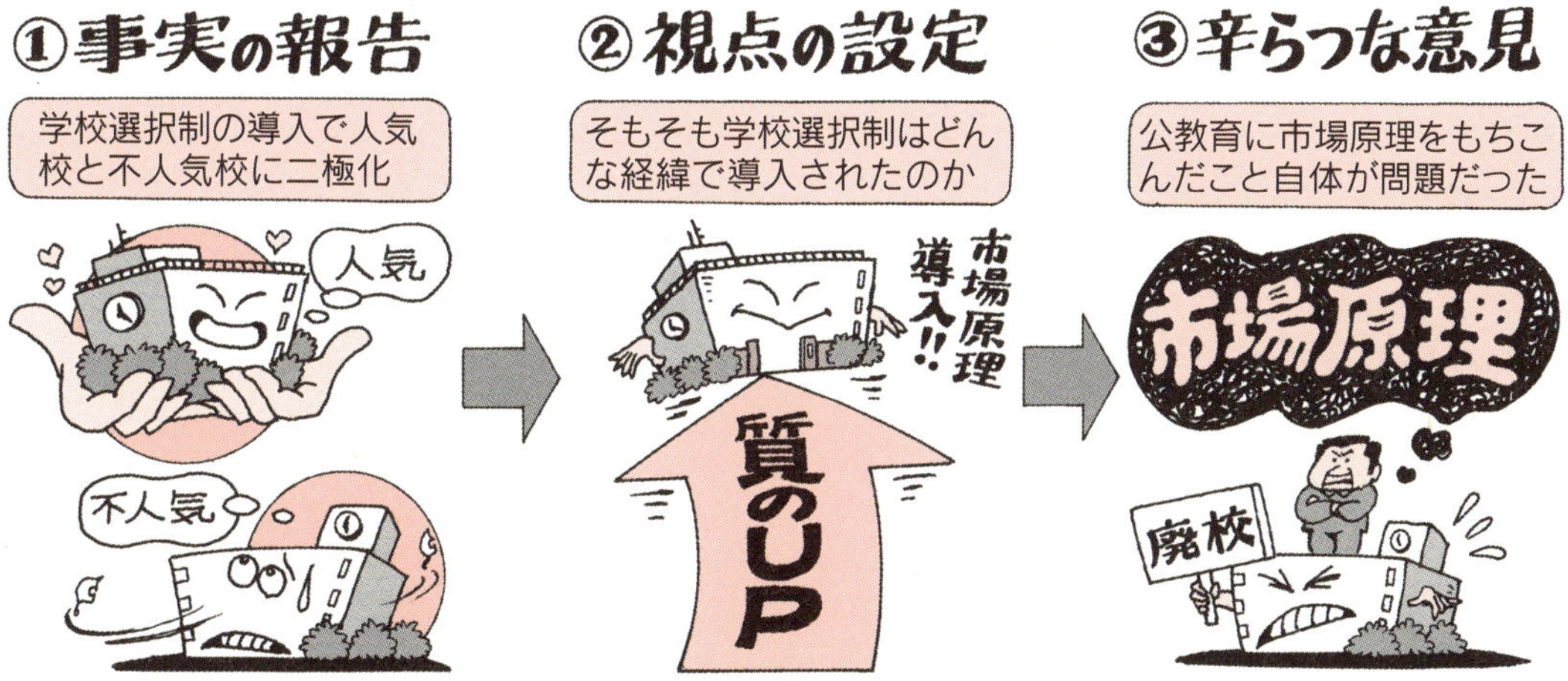
①事実の報告
学校選択制の導入で人気校と不人気校に二極化
人気
不人気
②視点の設定
そもそも学校選択制はどんな経緯で導入されたのか
市場原理導入!!
質のUP
③辛らつな意見
公教育に市場原理をもちこんだこと自体が問題だった
市場原理
廃校

まずは「事実」を報告すること。そのうえで、事実のどこに目をつけるかという「視点」を明らかにし、その線にそって「意見」を表明すれば、わかりやすく有意義な報告書を書くことができる

うか。一部の人気校だけがマンモス化し、気がついたときには、そこしか通える学校がない。つまり、学校選択制のはずが、じっさいは選択の余地がなくなる恐れがある。もはや、競争による質の向上は望めなくなるのだ。

　というわけで、**問題は、公教育に市場原理を導入しようとした動機そのものにあった、という結論にたどり着く。**

　教育に市場原理を導入した背景には「市場は間違わない」という神話も寄与したはずだが、「市場が間違う」ことは、アメリカのサブプライムローン問題に端を発した株価の大暴落でも明らか。最後にそんな皮肉を述べておけば、辛辣《しんらつ》な意見にさらにコショウを効かせておくこともできる。

　以上のように、

①事実の報告
②視点の設定
③辛辣な意見

　という三段階のステップを踏むと、個性的な意見も展開しやすくなるものだ。

企画書の構成は「目理方結」でまとめる

●一枚の紙に要点を盛りこむための鉄則

つぎは、企画書などのプレゼンテーション用の書類を書くときの極意を紹介しておこう。

「起承転結」「序破急」にたいして、「目理方結《もくりほうけつ》」という論法がある。文字どおり、**目は目的、理は理由、方は方法、結は結論である。**

これは、文章術とは一線を画し、箇条書きのベストな方法論というニュアンスになるので、まずはその違いを頭に入れておいていただきたい。

そもそも、項目が明示されていないのが、下手な企画書である。

目的、理由、方法、結論がひとつの文の中に詰めこまれていては、それがいかに名文であっても、企画書としての用をなさない。

企画書を読む側は、会議や打ち合わせの直前、なかには会議や打ち合わせの場で初めて読むという人もいる。つまり、**企画書とは、ざっと目を通しただけで内容がわかるものでなければならない。**

枚数は多くてもA4で二枚まで。どんな壮大な内容の企画でも、いわんとすることは、一枚の紙があれば十分に伝わるはずだ。

さらに、**概要ではあっても、目的（趣旨）、理由、方法、結論がひと目でわかるよう、それぞれ箇条書きされているのがこの手の文章の常識といえる。**

では、具体例によって、目理方結の進め方を示していこう。下記は、あなたが出版社の社員だった場合を想定した例である。

企画書の書き方の一例（概略）

●**目的**——ポケモンに匹敵するキャラクター商品を開発する。

●**理由**——キャラクター商品を独自に開発し、かつ、それがヒットすれば、多大な利益を独占できる。

●**方法**——まず、デザイナー、イラストレーターに、キャラクターの基本デザインの作成を依頼し、印刷会社を通して菓子メーカーに売りこむ（お菓子のおまけ商品）。もしくは、テレビ局に売りこんで、そのキャラクターが主役となった5分程度のミニ番組をつくるようにもちかける。

●**結論**——異業種の他企業との連動によって、出版という事業に広がりが生まれる。旧来の出版が伸び悩むなかでは、このような展開を試してみる価値はある。

自己PR文のポイント

自己PR文は「内面」を正直に書く

●採用側は、応募者のココを見ている

大人としての勇気と余裕が試されている

自分の“ありのままの姿”を素直に書いたPR文にこそ、評価が下される。採用側が知りたいのは、飾りのない、あなた自身の姿。そこに、応募者の“大人としての勇気と余裕”をみてとるのだ

会社の応募要綱には、たいてい「自己PR」という項目がある。自分というテーマは、簡単そうでいて、じつはもっとも難度の高いテーマである。

いちばんの失敗例は、「自己PR」をプロフィールのようにしか書けないケースだ。

出身大学、趣味、免許、住所などが、それらは別枠《べつわく》に書く欄《らん》を設けてあるにもかかわらず、つらつらと並べ立ててある。

自分を書くということは、自分にとって、この世でもっともつき合いが深く長い人間について書くことだ。自分がもっともよく知っている人間の、自分しか知らない部分を書くことだ。

作家の安岡正太郎は、「文学とは、自分の悩みに光を当てることだ」といった。また、太宰治は、「小説を書くってことは、素っ裸になって、日本橋のど真ん中に大の字になって寝ることだ」といった。

「自己PR」も、ありのままの自分をありのままに書けているものに高い評価が下される。

「自分を書く」ことは、遠慮がちに自分を卑下《ひげ》することでも、世界中を貧乏旅行した、などと自慢することでもない。プロレスラーのように、やってやるぜ、と豪語することでもない。

簡単ではないはずだが、ここでは、ふたりの作家のアドバイスに従ってみることをおすすめする。

つまり、**「悩み」や「恥ずかしさ」について、淡々《たんたん》と正直に書いてみる**のだ。

子どもの作文じゃあるまいし、というのは、大きな認識違いというものだ。子どもは、悩みと恥ずかしさの塊《かたまり》だが、それらをまっすぐに見つめる勇気と余裕を持ち合わせていない。

じつのところ、**「自分について」というテーマは、あなたが大人としての勇気と余裕をもっているかどうかが試されるテーマ**なのである。

書き損じはとっておく

●どんな文章も、使い方しだいで生きてくる

書き損じは「宝物」としてしまっておく

書き損じと思える文章でも、はめる場所によっては生きてくることも多々ある。あなたの文章を彩る重要なピースとして、捨てずにとっておくといい

かって、週刊誌の世界には〝切り貼り〟という言葉があった。

記者の書いた原稿を、アンカーマンなりデスクなりがハサミで切り刻んで分解し、配列を変えて別の用紙に糊《のり》で貼りつける。そして、適当なブリッジ（切り貼りした原稿をつなぐための原稿）を書いて、ひとつの完成原稿に仕上げる。その一連の作業をいった言葉だ。

いまなら、パソコンの画面上で、コピーと貼りつけの機能を使えばスムーズに同じ作業ができるが、ひと昔まえには、そういう荒っぽい方法がとられていた。

これをやられると、その原稿を書いた記者は小さくなっていなくてはならない。

なにしろ、「おまえの原稿は死に瀕《ひん》している。大手術をしなくては助からない」と宣告されたようなものだからである。

しかし、〝切り貼り〟ですんでいるのは、かなり救いがあるほうなのだ。

ほんとうに使えない原稿なら、丸めてゴミ箱にポイされるか、跡形もなく書き直されてしまう。

しかし、分解してつなぎ直せばなんとかなるのは、その原稿には使えるセンテンスなりネタがあった証拠だからである。

これを、ひとつの教訓としてみよう。

文章というのは、ひとつの〝流れ〟であると同時に、断片の集まりでもある。

ジグソーパズルを思い浮かべていただきたい。ひとつの意味をもった絵も、ピース（断片）のはめどころを誤ったら絵にはならない。

複雑なパズルになると、どのピースがどこにはまるのか、まったく見当のつかないものもある。

かといって、捨てていいピースは、一片たりともないのである。

このように、**いっけんすると、どうにも使えないと思われるセンテンスではあっても、はめる場所によっては、素材として生きてくることがある。**

別の言い方をすれば、完全な書き損じなどありえないということである。

時計の針は左に回るとか、リンゴは地面から木の枝にむかって上昇する、とでも書かないかぎり、まちがった見方、まちがった書き方というものは存在しない。

だから、いかにも失敗作と思われる原稿でも、ゴミ箱に葬ったりせず、パズルの重要なピースが詰まった宝庫と考えていい。

推敲《すいこう》段階で、一度は削《けず》った文章が復活することも往々《おうおう》にしてある。書き損じは、捨てないでとっておくことをおすすめする。

第3章

読みやすい文章にする
効果的なひと工夫

一読して内容がスッと頭に入らなかったり、
文意を誤解してしまったりするのは、書き手が
相手の立場にたって、考えを巡らせていない証拠。
あなたの文章は、読み手に〝負担〟をかけていないか。
人の頭と心に届く文章にする着眼ポイントとは…。

一つの段落では内容を一つに絞る

文法的に間違いのない、理路整然とした文章でも、一読して中身がスッと頭に入ってこない文章がある。それは、ひとつの段落が長く、しかも、複数の要素があるケースだ。

そもそも段落というのは、ひとつの意味、つまり、いいたいことのかたまりである。その、ひとつの意味を説明するために、いくつかの文が集まっている。そういう段落に、二つも三つも意味を盛りこもうとすれば、読み手は混乱するばかりだ。

ひとつの段落に二つも三つも意味を盛りこもうとするのは、書き手の頭の中で、まだ内容の整理がされていない証拠でもある。たとえば、こんな文章である。

NGな文章

今回のテーマは、小さな商店の生き残り戦術です。ITブームに乗って、ネットビジネスに乗り出した商店は少なくありませんが、その多くは途中で頓挫《とんざ》しています。開設したホームページを一度も更新したことなく、そのままにしている商店もあります。失敗の理由としては、つぎの三つが考えられます。ひとつは……

これは、ひとつの段落に内容が多すぎる。ここは改行して、いくつかの段落に分けたほうがいい。

頭のいい文章

今回のテーマは、小さな商店の生き残り戦術です。

ITブームに乗って、ネットビジネスに乗り出した商店は少なくありませんが、その多くは途中で頓挫しています。開設したホームページを一度も更新したことなく、そのままにしている商店もあります。

失敗の理由としては、つぎの三つが考えられます。

ひとつは……

こうすれば、文章の内容がスッと頭に入る。

学者の書いた学術書を読んでいると、ものの数ページでギブアップしてしまうことがよくある。ひとつの段落が異様に長く、しかも、ひとつの段落に、要素がいくつも入っているからだ。

わかりやすい文章を書こうと思ったら、この学術書の轍《てつ》は踏まないこと。ひとつの段落では、ふれる内容をひとつだけにとどめるよう注意したい。

また、全体の文章が長くなるときは、改行するだけでなく、一行空けるだけで読みやすくなる。

段落の最初に"さわり"を見せる

ひとつの段落が、全体として何をいいたい一節なのかをすぐに理解できれば、文章をスイスイ読みすすめることができる。そのためには、段落のはじめにこんなひと工夫をしてみるといい。

わかりやすい文章を書くためには、あらかじめ読み手にこれから何について書こうとしているのかを伝えておくのも有効な方法である。これから読もうとしている文章のあらましや結論を頭に入れていれば、読み手は、どんな内容のことが書かれているのか、ある程度、予測しながら読むことができる。それだけ、わかりやすい文章になるのだ。

たとえば、こんな文章があったとしよう。

NGな文章

一八七〇年、プロイセンがフランスに挑んだ戦争は、プロイセンの勝利に終わった。フランスの皇帝ナポレオン三世は退位して、ここにドイツ統一にたいする障害はなくなった。ビスマルクは、ついに念願のドイツ統一を実現したのである。その統一ドイツは、一九一八年、第一次世界大戦に敗れるまでつづいた。

たしかに、この一段落でまとまった文章は時系列に従っており問題はないが、いまひとつ頭に入ってこないという人もいるだろう。

そこで、この段落の最初に、つぎのような予告を入れておく。

頭のいい文章

ビスマルクのドイツ統一への野望は、ついに最終段階を迎えた。一八七〇年、プロイセンがフランスに挑んだ戦争は、プロイセンの勝利に終わった。フランスの皇帝ナポレオン三世は退位して、ここにドイツ統一にたいする障害はなくなった。ビスマルクは、ついに念願のドイツ統一を実現したのである。その統一ドイツは、一九一八年、第一次世界大戦に敗れるまでつづいた。

要は、テレビドラマで、最初のオープニングテーマが流れるとき、物語のさわりを見せるのと同じである。このさわりを見るだけで、ドラマはわかりやすくなり、また興味もそそられるというわけだ。

ダラダラと長い文章を書かない

文は長ければ長いほど、わかりにくいものになる。わかりにくい文は、内容がどうあれ〝悪文〟である。

大学入試の現代文の問題には、難解なものが少なくない。

その理由のひとつに、一文の長さがある。ひとつの文が一〇〇字以上、二行も三行もつづくということもめずらしくないが、こういう文章を出題者が選ぶのは、大学入試が〝落とすため〟の試験だから、というほかはない。

つまり、大学入試はわざと悪文を出題することで、受験生に無理やり頭を使わせ、彼らをふるいにかけようとしているわけだ。

日本語は、「だから、どうした」という述語が、文のいちばん最後にくる。文が長ければ、「だから、どうした」のかということがわかるまでに時間がかかる。これではわかりにくい文になるのも当然だろう。

NGな文章

人間がいかにして進化したかという問いにたいしては、これまでさまざまな答えが用意されてきたが、異なった次元の答えを総合してみたところで、それらはうまく調和しないし、人類のDNAの構造がどう変化してきたかということが重要である。

文が長すぎて、読みづらい。しかも、「〜うまく調和しないし、」までの内容と「人類のDNA〜」がつながっていない。

こんな文でも、接続詞を使いながらいくつかの文に分けてしまえば、すっきりする。

頭のいい文章

人間がいかにして進化したかという問いにたいしては、これまでさまざまな答えが用意されてきた。しかし、異なった次元の答えを総合してみたところで、それらはうまく調和しない。それより、人類のDNAの構造がどう変化してきたかということが重要である。

書く側にしても、長い文をダラダラと書いていると、はじめのほうに何を書いたのかわからなくなってくることもある。下手をすると、ひとつの文の中で最初の論旨《ろんし》と最後の論旨が違ってきて、支離滅裂《しりめつれつ》な文章になることもある。

書いた文を読み返すとき、一文の中身が多すぎたり、内容がすこしでもズレていると感じたら、その文は迷わず分割すべきだ。

話が入り組んだ文章は小分けにする

一文が長い文章は、それだけでわかりにくい印象を与えるが、構文が複雑だと、さらに意味がとりづらくなる。そんな文章は、短い文章に小分けにして、一文の構成をシンプルにするといい。

自分では文章を素直に書いているつもりでいる。論理の展開の仕方も矛《む》盾《じゅん》していない。しかし、第三者に読ませると、わかりにくいということがある。

たとえば、こんな文章である。

NGな文章

すでに銀行に就職が内定して、将来は為替《かわせ》にかかわっていきたいと考えている私の弟についての問題で、田舎で酒屋を営んでいて、そろそろ引退を考えている私の父は、弟がもし卒業できないのなら、銀行への就職を断念させ、家業をつがせようとしています。

「銀行に就職が内定している弟だが、父は家業をつがせたがっている」という内容の文章である。文章の流れに矛盾はないのだが、この文章がわかりづらいのは、文章の長さもさることながら、構文が複雑になっているからだ。文章全体の主語は「私の父」なのだが、そこに「私の弟」に関する文章が挿入されているため、わかりづらくなっている。

こんな場合は、「私の父」と「私の弟」について、文を別々にしたほうがいい。

頭のいい文章

私の弟は、すでに銀行に就職が内定しており、将来は為替にかかわっていきたいといっていますが、卒業できるかという問題を抱えています。

もし弟が卒業できないのなら、私の父は弟に就職を断念させ、家業をつがせようとしています。私の父は酒屋を営んでいますが、そろそろ引退を考えているからです。

複雑な文章を書いていると、書いているほうも頭がこんがらかってくる。それは、すでにわかりにくい文章になっている証拠だから、まずは文をふたつ以上に分けられないか考えてみることだ。

読み違いを防ぐ工夫をする

読み手がいろいろな解釈をしてしまう文章というのは、文章として不完全。自分の思いこみで書いていることが多く、相手がどう解釈するのかまで考えを巡らしていない証拠だ。

小説には、極端に読点《とうてん》が少ないものがある。これは作家が意図してやっていることで、ふつうの文章ではまねしないほうがいい。

読点が多いと、子どもっぽい文章に見られてしまうという人もいるようだが、そんなことはない。読点は文章をわかりやすく伝えるために必要だし、誤解を避ける意味でも不可欠である。

たとえば、つぎのような有名な例がある。

NGな文章

警察官は血まみれになって逃げ出した犯人を追いかけた。

この文章では、血まみれになったのが、警察官なのか犯人なのかがわからない。これは読点がどこにもないためで、読点の打ち方しだいで、血まみれになったのはどちらかがわかる。

警察官は、血まみれになって逃げ出した犯人を追いかけた。

なら、血まみれになったのは犯人。しかし、

警察官は血まみれになって、逃げ出した犯人を追いかけた。

となると、血まみれになったのは警察官ということになる。

このように、読点の打ち方しだいで、文章の意味は正反対になってしまうのだ。というわけで、読点は誤解されないためにも必要。以下は、その打ち方の基本である。

◎読点は、主語のあとに打つ。

◎文章が並立するときは、そのあいだに打つ。

例「酒を飲んだり、タバコを吸ったり」

◎限定したり条件をつけたりするときには読点を打つ。

例「酒を飲むまえに、胃薬を」

◎時や場所、方法を示す語句のあとには読点を打つ。

例「会議に出席するさい、書類は準備する」

要は、まぎらわしく、誤解を与えそうな文章には、区切りとなるところで読点を打っておいたほうがいいということ。修飾の多い文章では、とくにそれが必要になる。

誤解を避けるには肯定文で書く

電化製品などのマニュアルには、「〜してはいけません」といった否定文が少なくない。これは、安全のための禁止事項を伝えるものだから仕方ないが、ふつうの文章では、否定文は極力避けたい。

否定文は、相手に与えるイメージが悪いという以前に、誤解を招きやすい。日本語の場合、肯定か否定かは、文末まで読まないとわからない。つまり、早とちりの人は、否定文を肯定文として受け取ってしまうことがあるのだ。

たとえば、つぎのような否定文は、肯定文に言い換えると、即座に誤解なく相手に伝わる。

参加はできません。 ◀ **欠席します。**

明日、ミーティングはできません。 ◀ **明後日にミーティングを延期します。**

風邪で出社していない。 ◀ **風邪で休んでいる。**

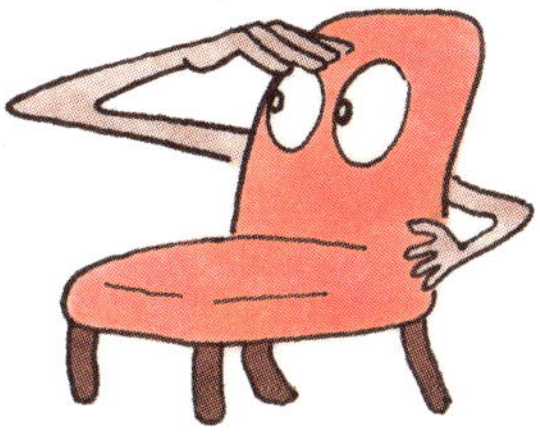

どうしても否定文を使いたいときは、あらかじめ否定文であることをにおわせる工夫が必要だろう。

たとえば、文の頭に「残念ながら」とか「けっして」「申し訳ありませんが」「かならずしも」といった言葉を入れておく。こうした言葉は否定文とよく結びつくから、読み手もこれは否定の文章であるとすぐに判断できる。

また、否定文でとりわけ避けたいのは、二重否定の文章である。

たとえば、

小早川秀秋《こばやかわひであき》の裏切りがなければ、徳川家康は勝利しえなかった。

という文章は、たしかにレトリカルではある。しかし、一読してスッと意味が頭に入るとはいいがたいだろう。文芸作品でもないかぎり、こうした文章は、できるだけ肯定文に直しておいたほうがいい。

小早川秀秋の裏切りのおかげで、徳川家康は勝利した。

これなら、誰も誤解しないはずである。

受け身の文章はわかりにくく、説得力がない

「～れる」「～られる」といった受け身の表現は、主語がない場合が多いため、誰が行為の主体なのかがわからない。文章としては落第だ。

NGな文章

今回の提案で重要とされるのは、温泉同士の共同パスポートづくりだと考えられます。これが早期に実現されるなら、全国からの来訪者も多くなると思われます。

この文章では、主語がはっきりしないから、誰の案なのかがわからない。「重要とし」たり、「考え」たりしているのは、温泉場の人たちなのか、どこかからやってきた経営コンサルタントなのか、それともアドバイスした役所なのか、わからないのだ。おまけに、受け身の表現に終始しているから、説得力もない。受け身の表現を改めると、先の文はこうなる。

頭のいい文章

今回の提案で重要なのは、温泉同士の共同パスポートづくりだと考えます。これを早期に実現すれば、全国からの来訪者も多くなると思います。

この場合、主語は明示されていないが、「私」であることはすぐにわかる。主語である人物が自分の意見を述べているのだから、説得力も出てくる。

直訳調、漢語調の表現はわかりづらいので避ける

格調ある文章は、どこかものものしく、とっつきにくい印象を与える。人によっては威嚇《いかく》されたように感じることもあるので、注意が必要だ。

直訳調とは、英語の構文をそのまま日本語に直したような言い回しだが、こんな表現を使わずとも、いくらでも別な言い方はある。

× **みなさんが考えるであろうところの未来は**
○ **みなさんが考える未来は**

× **議論の場をもつ**
○ **議論する（あるいは「議論できるようにする」）**

× **それは、怠慢《たいまん》以外の何物でもない**
○ **それは、怠慢である**

つぎは、漢語調。これは漢字熟語を音読みで使うものだ。内容は簡単でもわかりづらい文章になりかねないから、平易な表現にしたほうがいい。

× **漸次《ぜんじ》、改めていく**
○ **すこしずつ改めていく**

× **逐次《ちくじ》、報告する**
○ **順に報告する**

ただ、国家試験や社内の昇進試験など、〝大人のための格式ばった試験〟では、漢語調の表現をすこしだけなら取り入れてもいい。そのほうが、採点者に〝教養のありそうなイメージ〟を与えることができるからだ。

漢字熟語を動詞として使わない

新聞の見出しでは、漢字熟語が動詞としてよく使われる。だが、ふつうの文章でこれをやると、じつに読みにくい文章になる。

NGな文章

これ以上、援助を削減すると、条約の締結が遅延する可能性がある。

この短い文章の中に、熟語動詞が三つも使われており、なにやらお役人の答弁のよう。これら三つの熟語動詞を和語の動詞に置き換えれば、文章はずっと読みやすくなる。

頭のいい文章

これ以上、援助を減らすと、条約を結ぶのが遅れる可能性がある。

新聞やニュースで多用される熟語動詞は、できるだけタイトルを短くするためのものであって、文章にまで使っていいものではない。とくに、わかりやすい文章を書きたいのなら、熟語動詞ほど邪魔《じゃま》になるものはない。

熟語動詞を多く使ったからといって、その文章に品格が生まれるわけではない。むしろ、読み手のことを考えていない独善的な文章と思われかねない。

何でもかんでも漢字にしない

やたらと漢字を使った文章は、読みづらいだけでなく、硬い印象を与える。これでは配慮の足りない文章といわれても仕方がない。

パソコンは、キーひとつでひらがなを漢字に変換してくれるが、そのために不必要なひらがなまで漢字に変換する人が多い。その結果、印刷された文章は妙に黒々として、ひと目見て「読みにくい」と感じてしまうのだ。

NGな文章

・生憎《あいにく》全《すべ》てが万全とは言えない。
・今丁度《ちょうど》朝食を済ませた所である。

文章を書くさいは、何でもかんでも漢字にせず、同時にひらがなも有効に使ったほうが、格段に読みやすい文章になる。とくに、生憎や丁度といった「副詞」は、ひらがなにしたほうがいい。

また、つぎのような「補助的に使う動詞」も、ひらがなのほうが読みやすい。

・〇〇が増えて来た→〇〇が増えてきた
・出来ない→できない　・読んで欲しい→読んでほしい

名詞でも、「黴」「林檎」といったむずかしい漢字を使うのは避けたい。詩や歌ならともかく、ふつうの文章なら「かび」「りんご」で十分だ。

数値データにはその意味を書き添える

文章に説得力をもたせたいときは、具体的な「数字」を入れよ、とよくいわれる。ただ、具体的な数字を入れれば、かならず説得力が増すとはかぎらない。それを知らないと、文章が空回りすることになる。

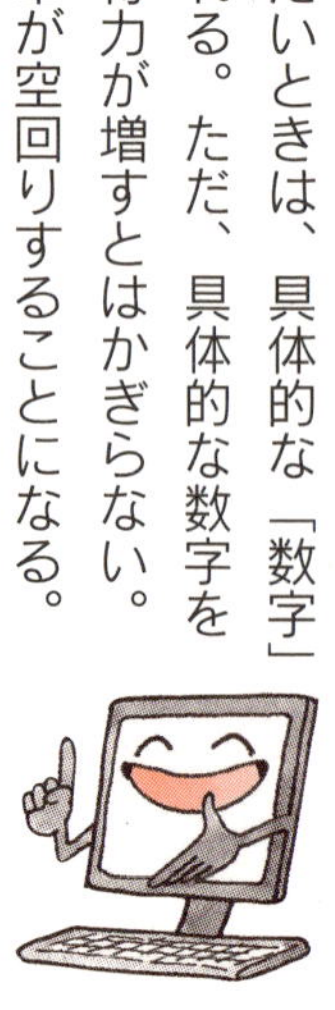

「朝、民家に銃弾が三発打ちこまれた」と書けば、銃撃の事実により信憑《しんぴょう》性《せい》が増すし、「日本のGDPは、世界の一割」といえば、世界的に見たときの日本の経済力がどれほどかすぐにわかる。

では、つぎの文章の場合はどうだろう。

NGな文章

日本の財政赤字の対GDP比は、一九九一年に六二パーセントだった。それが、九五年に八〇パーセントを超えた。

たしかに、財政赤字の対GDP比が上がったことはわかるが、この文章では、その数字がどういう意味をもつのかはわからない。具体的な数字が上がっているわりには、説得力がないのだ。

たんに具体的な数字を羅列《られつ》しても、意味は伝わらないことが多い。数字は、その意味を言葉で補ってこそ際立つのである。

もしも日本の財政危機を警告しようとするなら、その数字の意味を読者に伝えなければならない。そのためには、たとえば他国と比較してみるという方法がある。

頭のいい文章

欧米諸国と比較すると、フランスとイギリスが六〇パーセント、ドイツが六一パーセント、アメリカが六四パーセントとなっており、日本がダントツで高い。

と書き足せば、前の文章よりずっと説得力が出てくる。

また、日本の自殺者の増加について書くとき、

日本の自殺者は、いま三万人台である。

と書いても、その数字の意味するところが、いまひとつピンとこない。

しかし、

日本の自殺者は、史上初めて三万人台となった。

とひと言添えれば、これはたいへんな事態だということが読み手に伝わる。

第4章

きちんと相手に伝える文章の基本ルール

文章には、「これをやってしまうと、およそ知的な文章とは思われない」という暗黙の掟《おきて》がある。たとえば、接続詞や同じ言葉・言い回しの乱用は、くどくて幼稚な印象を与え、文章のリズムまで壊してしまう。趣旨がすっきり伝わる、スマートな文章の鉄則とは…。

主語と述語は遠ざけない

文章を読んでいて、ある主語に対応する述語がいつまでたっても出てこないと、読み手はイライラさせられてしまうもの。主語と述語はあまり遠ざけず、ひとセットにする。これが基本だ。

日本語は、ある意味でじつに便利な言語だ。日本語の主語は、述語の前なら、だいたいどこにもってきてもいいからだ。

しかし、だからといっていい加減に置いていると、わかりにくい文章になる。基本は、主語は述語とあまり離さないようにすることだ。

たとえば、こんな文章である。

NGな文章

ある学者は、日本各地に多くの公立美術館が建てられたものの、利用客が毎年一割ずつ減少しており、危ういものになっていて、にもかかわらず公立美術館を存続させることは税金の無駄遣いではないかと指摘している。

この文章には、「ある学者は」「公立美術館が」「利用客が」「存続させることは」と主語が四つもある。

その主語が述語に近ければいいのだが、問題は冒頭の「ある学者」の述語である。対応する述語は、最後の「指摘している」になる。

「ある学者」に対応する述語を探していたら、三行先の文末にあったというのでは、じつに読みづらい。「ある学者」と「指摘している」を近づけた文章にしないと、読み手はとても疲れるのだ。

もう一か所、「公立美術館が」に対応する述語が「建てられた」と「危ういものになっていて」のふたつあり、「危ういものになっていて」の前に「利用客が毎年一割ずつ減少しており」というくだりがあることも、文章をわかりにくくしている。

これでは、「危ういものになっていて」の主語がわかりにくい。そもそも、ここは「その（公立美術館の）運営が危ういものになっていて」のように、「運営」のような言葉を足したうえで主語を明確にしたほうがよかったのだ。

けっきょく、先の文章はつぎのように改めると、ずっとわかりやすくなる。

頭のいい文章

ある学者は、つぎのように指摘している。日本各地に多くの公立美術館が建てられたものの、利用客が毎年一割ずつ減少しており、その運営が危ういものになっている。にもかかわらず、公立美術館を存続させることは、税金の無駄遣いではないか。

主語から述語を遠ざけてしまうと、どの主語にどの述語が対応するのか、読み手は混乱しかねない。そうならないためには、主語と述語を近づけておくことだ。とくに複雑な文章ほど、その配慮が必要だ。

また、主語と述語については、主語を省いたためにおかしな文章になってしまうケースもよくある。

NGな文章

先週末、市民文化会館まで東京フィルの第九コンサートに出かけた。生演奏を耳にするのはひさしぶりだったが、見事な演奏を聴かせてくれた。

明示されていないが、最初の文章の主語は書き手、つまり「私」である。

では、ふたつ目の文章の主語は何か？「生演奏を耳にする」のは、当然「私」だから、この文章の主語も「私」だと思っていると、最後に「聴かせてくれた」とある。

しかし、「私が聴かせてくれた」という文章は明らかにおかしい。「聴かせてくれた」のは、「私」ではなく「東京フィル」なのだから、ここは、

頭のいい文章

生演奏を耳にするのはひさしぶりだったが、東京フィルは、見事な演奏を聴かせてくれた。

のように、「東京フィル」という主語を明示しなければならないわけだ。

あるいは、主語をあくまで「私」にするのなら、

生演奏を耳にするのはひさしぶりだったが、見事な演奏だった。

のように、「私」の感想で文を締める。

たとえ主語は省略しても、述語はちゃんと主語に対応していなければならないのである。

修飾語と修飾される言葉は離さない

修飾語は、被修飾語のすぐ前にもってくるのが基本。修飾語と被修飾語のあいだが離れすぎていると、さまざまな解釈が生まれてしまい、文章がわかりにくくなる。

NGな文章

オーストラリアの豊かな牧草で育《はぐく》まれた牛肉。

一読して、なんとなく読み流してしまうが、この文章では「オーストラリアの」が、「牧草」にかかるのか、「牛肉」にかかるのかはっきりしない。

前者の場合、「オーストラリアの牧草で育てられた牛肉」ということになるし、後者の場合は、「豊かな牧草で育てられたオーストラリアの牛肉」という意味にとれる。

頭のいい文章

「オーストラリア」を「牛肉」の修飾語にしたいのなら、

豊かな牧草で育てられたオーストラリアの牛肉。

あるいは、「牧草」の修飾語にするのなら、

オーストラリアの豊かな牧草によって、育てられた牛肉。

と書けば、誤解は生まれない。

修飾語と被修飾語の位置で、とりわけ注意したいのは、修飾語が「副詞」の場合である。

できるだけ社員のクビを切るのなら、再就職しやすい若手社員から順に選んでいったほうがいい。

この文章を素直に解釈すると、「社員のクビをできるだけたくさん切るときは、若手から順にする」ということになる。

しかし、「できるだけ」の位置を変えるとまったく意味が変わってくる。

社員のクビを切るのなら、再就職しやすい若手社員から順にできるだけ選んでいったほうがいい。

こちらは、社員のクビを切るときは、「できるだけ」若手から順に選んだほうがいい、という意味になる。

形容詞や副詞といった修飾語は、修飾する言葉のすぐ前にもってくれば誤解されないものだ。

漢字とかなは意味によって使い分ける

「物」と「もの」、「時」と「とき」…など、文章を書いていて、その言葉を漢字にしたものか、ひらがなにしたものか迷うことがある。これらは、意味によって漢字とかなに使い分けたほうがいい。

たとえば、「物」の場合、いつも漢字では読む側に違和感を与えることがある。

「物を運ぶ」「物を選ぶ」といったときは、漢字の「物」でいいが、「物わかりが悪い」「物にする」といった場合、漢字の「物」ではそぐわない感じがするものだ。つまり、漢字の「物」は具体的な物や品を表すとき、ひらがなの「もの」は抽象的なものを指すときという具合だろうか。

「時」と「とき」の書き分けも、同じである。「時には遊びも必要だ」「松井がホームランを打ったその時」といったように、特定の時期や時点を指すときは漢字の「時」でいい。しかし、「お金がないとき」「裸足で走ったとき」のように、状況や仮定、条件を表すときは、ひらがなの「とき」のほうがピンとくる。

「前」と「まえ」についても、「停留所の前」「駅前」といったように具体的な位置を示すときは漢字の「前」、「すこしまえ」「酒を飲むまえ」のように時間を指すときは、ひらがなの「まえ」がいい。

「方」と「ほう」も、ときに誤解を生みやすい。たとえば「学校の方」とあった場合、「学校のある方角」という意味なのか、「学校関係の人」という意味なのかは、前後の文章を読まないとわからない。

この場合は、方角の場合は「ほう」、人の場合は「方」のほうがわかりやすいはずだ。

広い意味をもつ動詞は言い換えよ

英語には、「take」や「get」のように、多義的な動詞が少なくないが、これは日本語でも同じ。文章を書くさいは、文脈に合わせて、より具体的な言葉に言い換えたほうがいい。

たとえば、「やる」。この言葉は英語の「do」以上に多義的で、「○○する」という以外に、「派遣する」「贈る」「犯罪をおかす」などの意味がある。

「使う」「見る」のような、いっけんすると限定的な意味の動詞も、じっさいはかなり多義的に使われる。

たとえば「使う」。「機械を使う」と書くと、機械を「作動させる」、機械を「操作する」、機械を「利用して何かする」のようにさまざまな意味にとれる。さらに、「人を使う」と書いた場合は、「人を雇う」という意味にもなれば、「人に指図する」という意味にもなる。それだけ、読み手に誤解を与える可能性が高くなるわけである。

こうした誤解を避けるためには、「使う」という言葉をできるだけ他の言葉に言い換えたほうがいい。使いたい意味に合わせて、「作動させる」「操る」「雇う」といった言葉を選ぶのだ。

「見る」も同様。たとえば「テレビを見る」と書いても何の問題もなさそうだが、テレビの「見方」には、「ボーッとして見る」場合もあれば、「真剣に観賞する」場合、あるいは、「ただつけておくだけ」という場合もある。

そうした違いを読み手に伝えたいときは、ただ「見る」と書くだけでなく、「テレビを眺める」「テレビをじっくり観る」「テレビをつけっぱなしにしておく」のように表現したほうがいい。これは、同じ動詞をくり返し使わないという意味でもおすすめしたい。

「そして」「〜が」を乱用しない

接続詞には、文章の道筋をはっきりさせる働きがあるが、接続詞の多すぎる文章は、やたらと〝道路標識〟が多い道路と同じ。読み手（ドライバー）が混乱してしまうから要注意だ。

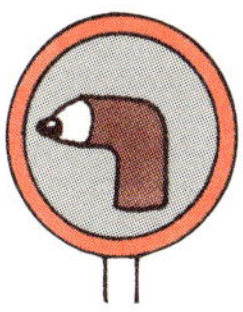

NGな文章

エルバ島を脱出したナポレオンは、パリへとむかった。そして、ナポレオンはふたたびフランスを率い、プロイセンをはじめヨーロッパ諸国と戦うことになった。そして一八一五年、ワーテルローの戦いで、ナポレオンは敗れた。ナポレオンの時代は終わった。そして、ヨーロッパに反動の時代が始まった。

この短い文章の中に、「そして」が三回も使われている。これはくどい。例文の「そして」は、じつは、どれも使う必要がないのだ。

頭のいい文章

エルバ島を脱出したナポレオンは、パリへとむかった。ナポレオンはふたたびフランスを率い、プロイセンをはじめヨーロッパ諸国と戦うことになった。一八一五年、ワーテルローの戦いで、ナポレオンは敗れた。ナポレオンの時代は終わった。同時に、ヨーロッパに反動の時代が始まった。

いかがだろう、「そして」がなくても、文章はスムーズに流れ、むしろテンポがよくなっていることがおわかりのはずだ。

「そして」の他にもうひとつ、接続詞で注意したいのが、ふたつの文章を結ぶ「〜が」である。たしかに、「勝負には負けたが、気合では負けなかった」というように、「しかし」の意味で「〜が」を使うのはいい。だが、たんに文章をつないでいるだけの「が」は、使わないほうがいい。

× バブルははじけたが、銀行に不良債権が残った。

この文章では、「〜が」はいらない。「バブルははじけたが」とあると、つぎに逆接の言葉がつづくように思ってしまうが、「銀行に不良債権が残った」では、むしろ順接である。つまり、この場合の「が」は、関連のあるふたつの文章をつないでいるだけで、ないほうがいい。

○ バブルははじけ、銀行に不良債権が残った。

○ バブルははじけた。そして、銀行に不良債権が残った。

のように、「が」をとるか、ふたつの文章にしたほうが、ずっとすっきりする。

「しかし」は必要な時だけ使う

たいていの文章読本には、接続詞は多用しないと書かれているが、接続詞がまったくない文章は、読みづらいのも事実。接続詞は、その文脈を見極めて、使うか使わないかを判断したい。

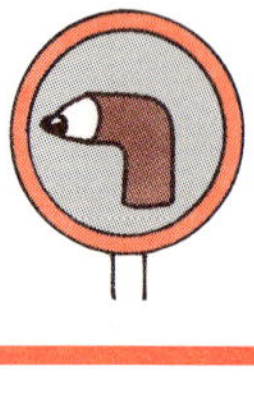

接続詞の「しかし」は、道路標識にたとえると、直線道路に突然現れた「Uターンせよ」の標識のようなもので、逆接の接続詞として大きなインパクトをもつ。うまく使えば印象に残る文章になるが、無理やり使うまいとすると、読み手がとまどってしまうことも多い。

NGな文章

サッカーの日本代表は、対北朝鮮戦で息を吹き返した。その勢いに乗って、これまで勝てなかった難敵・韓国を打ち破り、ワールドカップ出場に王手をかけた。最終戦の相手・イラクに勝ちさえすれば、ワールドカップにいけた。試合はロスタイムまで日本がリードし、あとワンプレーかツープレーというところまできた。日本はイラクに追いつかれ、ワールドカップは夢と終わった。

この文章が一読してわかりにくいのは、最後の一文の冒頭に「しかし」がないからだ。勝利から絶望へ場面が大きく転換しているのに、「しかし」がないため、読み手は肩透かしをくらったような感じになってしまう。

最後の一文は、「しかし、日本はイラクに追いつかれ、ワールドカップは夢と終わった。」としたほうがわかりやすく、印象も強いものになる。

反対に、「しかし」がいらない文章もある。

× 昨夜は飲みすぎた。しかし、二日酔いにはならなかった。しかし、彼女から酒臭いといわれた。

いささか極端な例ではあるが、こんな短い文章に「しかし」を二回も使ってはいけない。たしかに、内容的には逆接だから、「しかし」を使うのはまちがいではないが、くどくて幼稚な文章という印象は免《まぬか》れない。

○ 昨夜は飲みすぎたが、二日酔いにはならなかった。しかし、彼女から酒臭いといわれた。

○ 昨夜は飲みすぎた。二日酔いにはならなかったが、彼女から酒臭いといわれた。

のように、ひとつは「〜が」でつないだほうが、読みやすい。

「しかし」をはじめ、接続詞はむやみに使えばいいというものではない。使うか使わないか、その判断が的確にできるようになれば、文章力は確実に向上しているといえる。

助詞の「が」と「は」は使い分ける

主語につづく助詞では、「が」か「は」を使うのが一般的。ところが、この「が」と「は」の使い分けはむずかしい。

たとえば、「人間は考える葦《あし》である」といっても、「人間が考える葦である」とはいわない。どこかの動物園でパンダの子どもが生まれたときは、「パンダは出産」よりも、「パンダが出産」である。

国語学者の研究によると、「は」を使うときは、すでに誰もが知っている古い情報を伝えるときだ。いっぽう、「が」は、相手にとって新しい情報を伝えるときに使う。パンダが生まれたというのは、大ニュースであり、新しい情報である。だから「パンダが」となるわけだ。

この「が」と「は」の違いを知っていると、文章の書き分けが簡単になる。たとえば、王貞治監督の談話について書くときは、「王監督は集まった記者団にたいして、いまの日本のプロ野球が置かれている状況を語った」となる。とりたてて新しい情報ではないから、「王監督が」とはならない。「王監督が」となるのは、たとえば引退を表明したときだ。これは新しい情報だから、「王監督が、先ほど引退を表明した」となる。

「が」と「は」の違いについては、別の解釈もある。「は」は、話の中心点として〝定数的〟に使われる。いっぽう、「が」は、対象をせまくしていることが多く、〝変数的〟に使われるというもので、「人間は考える葦である」という場合、「人間」は話の中心点であり、〝定数〟になる。だから、「人間は」になるというわけである。

一つの文に「が」を何度も使わない

「が」が何度も出てくる文章はたいへん読みづらい。「が」を多用しなくても、じっさいにはいくらでも同じ意味の文章ができるのだ。

NGな文章

食事が一日二食から一日三食に変わったのが江戸時代だと、学者たちが指摘している。この事実から、江戸時代が農民がいじめられているだけの暗い時代ではなかったことがおわかりだろう。

「が」が多すぎて、どれが主語で、どこにかかるかを追っていくだけで疲れてしまう。この「が」は他の言葉に変えることができるし、省略もできる。

頭のいい文章

食事が一日二食から一日三食に変わったのは江戸時代だと、学者たちは指摘している。この事実から、江戸時代は農民のいじめられているだけの暗い時代ではなかったことがおわかりだろう。

とくに知っておきたいのは、「が」を「の」に変えるというテクニック。「が」のついている言葉を、主格から別の格に変えていくのである。たとえば、「私が思っていること」なら、「私の思っていること」にすればいい。

「の」「に」「も」を連続して使わない

その人が文章を書き慣れているかどうかは、助詞の「の」「に」「も」の使い方を見るとわかる。これらを何回もつづけて書くような人は、残念ながらあまり文章を書き慣れていない人だ。

「の」は便利な助詞で、つい安易に使いがちだが、つづけて使うと文章が間延びしてしまう。つぎの例文は、「の」をつづけて使った文章と、それを手直ししたものだ。

× **本年度のGDPの伸びの低下については**
○ **本年度、GDPの伸びが低下したのは**

× **皆様の懸命の応援のおかげをもちまして**
○ **皆様の懸命な応援によりまして**
○ **皆様が本気になって応援してくださったおかげで**

いかがだろう。「の」を別の言葉に置き換えると、文章がすっきりするのがおわかりだろう。

また、「の」はひとつしか使っていなくても、意味があいまいになることがある。たとえば、「田中さんの応援を頼む」と書いた場合、「田中さんへの応援を頼む」のか、「田中さんに応援を頼む」のかがわからない。

文章で、連続して使わないほうがいい助詞には、「の」以外に「に」や「も」がある。

× **朝になり列車が予定どおりにモンパルナス駅に着いたところで、私あてに携帯電話が鳴った。**
○ **朝、列車が予定どおりモンパルナス駅に着いたところで、私あての携帯電話が鳴った。**

×の例では、「に」が四回も使われており、これが文章をしつこく読みづらいものにしている。○の例のように、多くの「に」を他の言葉に置き換えたほうが、ずっと流れがよくなる。「も」の連続についても同様だ。

× **どうしても納得できないと、私が反対したにもかかわらず、彼も計画に賛成した。**
○ **とうてい納得できないと、私は反対したが、彼は計画に賛成した。**

× **もっとも、私にも過失があったともいえなくもない。**
○ **ただ、私にも過失がなかったわけではない。**

文章を書いていて、「の」「に」「も」がつづいてきたら、他の言葉に置き換えることができないか考えてみることだ。

「〜こと」「〜である」を多用しない

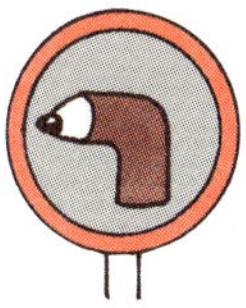

自分の書いた文章を読み返すとき、数えてほしいものがある。それは、「〜こと」と「〜である」の数。「〜こと」「〜である」を多用すると、その文章はムダが多く、読みにくいものになる。

「〜こと」の多用については、たとえば、こんな文章だ。

NGな文章

いままでやってきたことを改めないと、借金生活から抜け出すことができないだけでなく、ふたたび他人に迷惑をかけることや、子どもの評判を落とすことにもなりかねない。

なんとも「〜こと」が多く、読みにくい。では、できるだけ「〜こと」を取り去ってしまうと、どうなるか。

頭のいい文章

いままでやってきたことを改めないと、借金生活から抜け出せないだけでなく、ふたたび他人に迷惑をかけたり、子どもの評判を落としたりしかねない。

ほとんどの「〜こと」が不要であったことが、おわかりいただけたと思う。

「〜である」についても同じ。「〜である」の多用は、文章を一本調子にしてしまいやすい。

たとえば、こんな文章だ。

NGな文章

福岡市は九州随一の都市であるから、人口も多いのであり、県外からのビジネスマン相手の商売も成り立つのである。

「〜である」の多用によって、うるさいことこのうえない。この文章の「〜である」はすべて言い換えや省略ができる。

頭のいい文章

福岡市は九州随一の都市だから、人口も多く、県外からのビジネスマン相手の商売も成り立つ。

「〜こと」「〜である」は、ところどころで言い換えや省略をしていくと、リズムのいいすっきりした文章になる。

同じ言葉、同じ言い回しを避ける

文章がくどくなる原因のひとつに、同じ言葉や言い回しのくり返しがある。これをやると、文章のリズムまでくるってしまう。

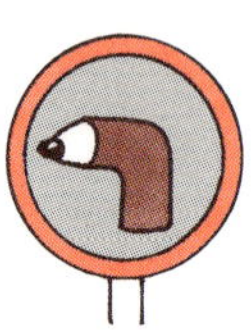

ひとつの段落の中に同じ言葉、言い回しをつづけて使うと、文章はくどいだけでなく、ドタバタした感じになってしまう。たとえば、こんな調子である。

NGな文章

商売は駆け引きといわれるが、それよりも商売には誠意がだいじで、それが商売の基本だ。

ひとつの文に「商売」という言葉が三つも使われている。だが、本当に必要なのは最初の「商売」だけ。あとのふたつの「商売」を取り除くと、文章はずっと読みやすくなる。

頭のいい文章

商売は駆け引きといわれるが、それよりも誠意がだいじで、それが基本だ。

言い回しにしても、同じものをつづけると、くどいだけでなく、リズムまで悪くなる。

NGな文章

会社の倒産を、ある社員は運命と受け止め、またある社員は自分の力が至らなかったからと受け止めた。そのいっぽうで、倒産そのものをまっすぐに受け止められずにいる社員もいた。

この文章では「社員」のくり返しもさることながら、「受け止める」という言い回しを三度も使っている。くどさの原因はこれで、ここは省略するか、言い換えることだ。

頭のいい文章

会社の倒産を、ある社員は運命と受け止め、またある者は自分の力の至らなさのせいと感じた。そのいっぽうで、倒産そのものをまっすぐに見つめられない者もいた。

ひとつの段落に同じ言葉、言い回しが出てきたら、そのままにしないこと。ほとんどの場合、省略するか、言い換えができるはずだ。

「重言」はうるさい印象を与える

重言とは、ひとつの文中で同じ意味の言葉をくり返し使ってしまうこと。文章をわかりやすく書こうと言葉をひねっているときにやりがちだ。

× セールにつき、ビールの価格を値下げします。ただし、お一人さま一ケースのみにかぎります。

まず問題なのは、「価格の値下げ」である。「値下げ」とは価格を下げることだから、わざわざ「価格の」と書く必要はない。また、「価格の」を生かすのであれば、「値下げ」の「値」はいらない。

○ ビールを値下げします ○ ビールの価格を下げます

「一ケースのみにかぎります」も、重言の一種だ。「のみ」も「かぎる」も限定を表す言葉だから、どちらかひとつにしたほうが、すっきりする。

○ 一ケースにかぎります ○ 一ケースのみです

このほかにも、「あらかじめ予約しておく」「いまの現状は」「受注を受けてから」など、重言はうっかりするとつい使ってしまう。「予約」は「あらかじめ約束を入れる」ことだから、「あらかじめ」は不要。「現状」は「いまの状態」という意味であり、わざわざ「いまの」をつける必要はない。「受注」も「注文を受ける」ことだから、「受注してから」でいい。

挙げる例が一つなら「〜など」とは書かない

文章で何か例を挙げるとき、「〜など」という言葉がよく使われるが、よくある失敗は、例をひとつにとどめてしまうことだ。

× ビールなどのお酒が好きです。

こう書いては、書き手がビールを好きなのはわかっても、他のお酒についてはどうなのかはっきりしない。書いた本人は、お酒全般が好きなことをいったつもりかもしれないが、例がひとつでは不十分なのだ。

「〜など」を使うときは、最低ふたつ以上の例を出すこと。

○ ビールや日本酒、ウイスキーなどのお酒が好きです。

こう書けば、だいたいのお酒が好きだということがわかる。例を挙げるのに、ひとつだけというのは横着《おうちゃく》であり、読み手を迷わせるもとである。逆にいえば、例がひとつしかないのなら、「〜など」は使ってはいけない。

また、「〜など」を使ってくどくなるのが、性質を表す例をひとつ挙げるときだ。たとえば、「戦艦大和などのような巨大戦艦」とか、「ドイツなどのように、ビール好きが多い国」といった表現がそれだ。性質を表すための例を挙げるのに「〜など」を使っているわけだが、これはまったくムダな「〜など」である。「戦艦大和のような巨大戦艦」「ドイツのように、ビール好きが多い国」でいい。

違うレベルの物事を列記しない

論文でも、ビジネス文書でも、物事を列記して書くことが少なくない。しかし、このとき列記するもののレベルが違うと、ひどくちぐはぐな文章になってしまうから要注意だ。

NGな文章

いまの会社には、三つの問題点がある。急激なリストラ、自己資本の低下、仕事の受注である。

こうした列記では、読み手に問題点は伝わりにくい。なぜなら、列記するもののレベルが統一されていないからだ。列記するものは、マイナスならマイナスのレベルにそろえる必要があり、この場合なら、

頭のいい文章

いまの会社には、三つの問題点がある。急激なリストラによる社内不安の増大、自己資本の低下、仕事の受注の減少である。

とすれば、列記されたものが整理されてくる。

また、列記するとき、「〜たり」もよく使うが、この使い方にもルールがある。

NGな文章

来月のゼミでは、新加入メンバーを歓迎したり、課題レポートの発表になります。

この文章には、おかしい点がふたつある。ひとつは、片方は「歓迎する」と動詞の形をとっているのにたいして、もういっぽうは「発表」という名詞で終わっている。これでは不ぞろいで、日本語にもなっていない。動詞か名詞のどちらかいっぽうに統一する必要がある。さらに、「〜たり」を使うなら、列記するものすべてに「〜たり」をつけるのがルール。

頭のいい文章

来月のゼミでは、新加入メンバーの歓迎、および課題レポートの発表を行ないます。

来月のゼミでは、新加入メンバーを歓迎したり、課題レポートの発表を行なったりします。

指示語を避けて具体的に書く

「あれ」「これ」「それ」といった指示語は、むやみに使わないほうがいい。読み手を混乱させるばかりだからだ。

NGな文章

大阪では多くの会社が倒産したが、それによって失業問題も出ている。その解決は、まだ先のことである。

このように指示語が連発されると、読み手はその指示語が何を指しているのかいちいち探さなければならない。書き手としては、指示語を使うことで文章をすっきりとさせているつもりもあるだろうが、そうはならない。書くほうがすこしくどいと思っても、指示語を避け、具体的な物を指していったほうがわかりやすくなる。先ほどの文章なら、こうすればいい。

頭のいい文章

大阪では多くの会社が倒れたが、倒産によって失業問題も出ている。失業問題の解決は、まだ先のことである。

また、指示語をできるだけ使わないようにすると、文章はだんだんうまくなる。指示語を使わないと、文章は長くなりがちだ。文章が長くならないようにするためには、ムダな表現をカットしなければならない。このカットの工夫が、文章を上達させるのだ。

「○○的」や「××化」は読み手が疲れる

辞書にも載っている「○○的」「××化」という言葉ならどんどん使っていいかといえば、けっしてそうではない。

「○○的」の乱用は、読み手をうんざりさせる。本人はもっともらしく格好をつけたつもりかもしれないが、下手をすれば意味不明の文章になってしまう。こんな文章である。

NGな文章

田中氏の考えは概念的にまちがっていて、市民的視野や建設的理念に欠けた、頽廃《たいはい》的なものである。

「概念的」はその前に「考え」とあるから不要。「市民的視野」は「市民としての視野」、「建設的理念」は、理念とはもともと建設的なものだから、ただ「理念」と書けばいい。「頽廃的なもの」はこのままでもいいが、「頽廃している」と言い換えることもできる。

おそらく自分を知的に見せたいがために「○○的」という言葉を多用したのだろうが、これでは文章がわかりにくくなるだけ。およそ知的な文章とはいえない。

同じことは、「××化」にもいえる。「自由化」「近代化」など「××化」はよく使う表現だが、これも使いすぎると、見苦しくなる。すこし検討してみれば、ほとんどの場合、別の言葉に言い換えることができるはず。こうした言葉は、ときどき使ってこそ表現として生きてくるのだ。

カタカナ語でこけおどしをしない

一般にあまり知られていないカタカナ語を使った文章は、読み手には不親切。わかりやすい日本語に言い換えることが必要だ。

NGな文章

世界経済の流れをキャッチアップするためには、企業のあり方をもっとソフィスティケートされたものにすることだ。商品とストラテジーのシナジー効果を出すことで、勝敗は決する。

海外赴任《ふにん》の経験のあるビジネスマンのなかには、よくこんな言い方をする人がいる。ふつうの人があまり知らないカタカナ言葉を連発すればこけおどしにはなるだろうが、こうした言い方をそのまま文章にしても読み手はとまどうばかり。先の文章は、カタカナ言葉を使わなくても書けるのだ。

頭のいい文章

世界経済の流れに追いつくには、企業のあり方をもっと洗練されたものにすることだ。商品と戦略の相乗効果を出すことで、勝敗は決する。

このように、カタカナなしで書いたほうが、ずっとわかりやすい文章になる。安易にカタカナ語を使うのは、ごまかしの文章にしかならない。

〝ら抜き言葉〟は使わない

「食べれる」「起きれる」といった〝ら抜き言葉〟。ひところは、正しくない日本語としてかなり非難されたものだが…。

NGな文章

・彼がここまでやってこれたのも、努力のおかげだ。
・本社までこれますか。
・朝、痛みで起きれない。

こうした〝ら抜き言葉〟に違和感を覚える人は年々減っているようだが、とくに文章に日常よく接している人には、〝ら抜き言葉〟に生理的な不快感を感じている人が、まだまだ多い。あらたまって他人に見せる文章を書くのであれば、正しい言葉遣いが求められるのが道理である。先の例でいえば、つぎのようになる。

頭のいい文章

・彼がここまでやってこられたのも、努力のおかげだ。
・本社までこられますか。
・朝、痛みで起きられない。

日常会話はともかく、文章を書くときには〝ら抜き言葉〟はまだまだ一般的ではないと思ったほうがいい。

第5章

読み手の心をつかむ 文章の磨きあげ方

ムダのない、洗練された文章に仕上げるには、原稿は何度となく読み返し、修正を重ねることが必要だ。これは、書いている最中も、書き終えてからも同じ。この章では、つい見過ごしがちな文章の欠点と改善法、原稿のアラを洗いだす推敲《すいこう》の極意を紹介しよう。

要所は具体的に書く

文章は具体的であることが大切だとくり返し述べてきたが、要所に関しては、とくに具体的に書く必要がある。そうしないと、文章全体のイメージが読み手に伝わらないケースがあるからだ。

文章は、かならずしも全編が細かいディテールの連続である必要はない。しかし、センテンスによっては、きっかけとした具体性を欠いてしまうと、何の意味もなさなくなることがある。

ひとつの例文を紹介しよう。

NGな文章

映画の『ハンニバル』は、原作のもつインテリジェンスを欠いていたが、映像の美しさには、小説では堪能《たんのう》しきれない魅力があった。とくに主役のハンニバル・レクター博士が潜伏していたイタリアの都市は、リドリー・スコット監督の感性によって、陰影たっぷりに怪しい奥行きをもたらされていた。都市は、犯罪の棲家《すみか》である。スコット監督は、『ブラック・レイン』の舞台となった大阪において、その感覚を映像化したように、『ハンニバル』では、イタリアの古都に怪しい犯罪のムードをまとわせたのだ。

この文を読んだ人は「ところで、イタリアの都市ってどこなの?」という疑問を、ごく自然に抱くはずだ。

この文のテーマは、映像と都市である。つまり、ここでは「フィレンツェ」という都市名が、きわめて重要なポイントになるのだ。

イタリアに旅行したことがない人でも、フィレンツェにはそれなりのイメージをもっているだろう。読み手は、その具体的な名を耳にして、初めて、自分なりのイメージをふくらませることができるのである。

NGな文章

年をとってから、本棚に並ぶ本が変わった。

この一文も、本棚に並ぶ本がどのように変わったのかを具体的に書く必要がある。じっさいの本のタイトルが示されてこそ、読み手は、それを書いた人がどういうふうに年をとったのかが実感できるのだから。

感情は「事実」を描写して表現せよ

怒りや悲しみといった感情を表現するとき、いつも「怒った」「悲しかった」と書くばかりでは、いただけない。読み手の心に伝わる心理描写のポイントとは…。

感情表現は、たんに「怒った」「悲しい」などとは書かない――。この単純明快な鉄則からは、どんな効果がもたらされるのだろうか。

怒りの一字、悲しみの一字を使用禁止にされることによって、書き手は、おのずと、何がどのように腹立たしかったのか、何がどのように悲しかったのかという〝事実の観察〟を強《し》いられることになる。つまり、観察眼が磨かれることで、文章まで磨かれるのである。

例文を挙げてみよう。

NGな文章

このまえ、ガソリンスタンドの親父さんに道を聞いたら、教えてくれなかった。態度も冷たくて、私は、ひどく腹が立った。

これは、〝使用禁止〟を破った悪い例である。それでは、これを模範例に改良してみる。

頭のいい文章

ある日、地図を頼りに、仕事先のビルを捜し歩いていた。

ところが、複雑に入り組んだ路地なので、地図が頼りにならなくなった。たまたま一軒のガソリンスタンドに行き当たったので、そこに立っていた五十がらみの店員さんに声をかけた。

「この近くに、Aというビルがあるのを知りませんか」。そう尋《たず》ねると、即座に「知らないね」という返事。ほとんど、ソッポをむいている。「それでは、これこれの番地がどの辺りなのか教えてください」と重ねて尋ねた。そこで返ってきた返事は、「知ってるけど、教えないよ。うち、ガソリンスタンドで、交番じゃないからね」。

その口ぶりは、どこか苛立《いらだ》たしげだった。最近は、価格競争でガソリンスタンドがつぎつぎと潰《つぶ》れていると聞くが、その店も、コンクリートの床が乾ききっていて、ガソリンや水が垂れた形跡がなかった。どうやら、私は、とんでもない八つ当たりをされたようだった。

これを読んで、怒りという感情もさまざまであるということに気づかれたことと思う。ここでの「怒り」もまた、そのひと言では表せないたぐいのものである。だからこそ、「怒り」の一字で固定化しないほうが効果的なのだ。

〝オリジナルの紋切り型〟を考え出そう

紋切《もんき》り型とは、型にはまった言い回しのこと。副詞、形容詞、常套句《じょうとうく》、ことわざなど、それらは世にあふれかえっている。この紋切り型を使うさいの注意点と、意外な活用術とは…。

紋切り型の言葉を使うのは知恵がないといわれるが、これらを全部、使うなといわれたら、文章は書けないのも事実だろう。だから、無理に紋切り型の言葉を使うまいとすると、かえって、どうでもいい場面でヒネりすぎた表現をしてしまうことになりかねない。

要は、頻度《ひんど》の問題である。避けなければならないのは、紋切り型に凝《こ》り固まった文章なのだ。

NGな文章

彼は、雪をもあざむくような白い馬にまたがり、抜けるような青い空の下を疾駆《しっく》していた。

ひとつの文章に、「雪をもあざむく白」「抜けるような青い空」という具合に紋切り型のフレーズが連続してしまうと、書き手が、みずから描いた映像にたいして、何のイメージも抱いていないことがバレてしまう。

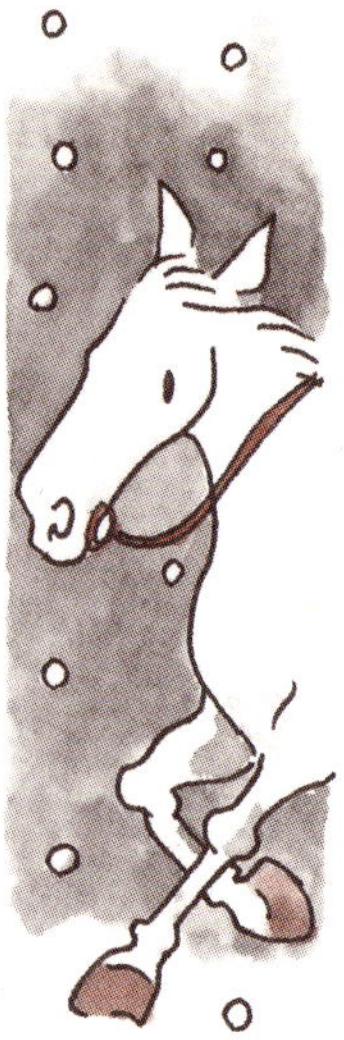

マスコミでおなじみの「値千金のホームラン」という言い回しも、イメージ欠如《けつじょ》の好例だろう。大逆転のホームランを、なぜ、わざわざ小判千両に換算しなければならないのか。紋切り型の言葉は、映像のイメージ、言葉のイメージが欠如していることの証明といえる。

宮沢賢治の『オッペルと象』に、「ぞうきんのようにでっかいオムレツ」という表現がある。かなり食欲の失《う》せる表現だが、結びつけるはずのないものを結びつける斬新《ざんしん》さがあることも確かだ。

かつて、カップうどんのテレビCMに、「うどんのようにいい女」というコピーがあったが、これもミスマッチの傑作といえようか。

いずれにせよ、とっさに新しい言い回しを思い浮かべるのは、並大抵の芸当ではない。そこでおすすめしたいのは、いつでも使えるように〝オリジナルの紋切り型〟を発明しておくこと。

オリジナルだから、例は出さない。独自のものをお考えください。

名文句の引用は本来の意味に気をつけて

文章にことわざや名文句、慣用句を引用することは、誰でもやる。ただし、そのさいには、十分な注意が必要だ。

名文句を引用するさいの注意点はふたつ。

ひとつは、意味を取り違えて用いないこと。これは致命的で、全文の意味が破壊されてしまう。

もうひとつは、表向きの言葉の裏に隠された真意を読み違わないこと。これは、前者よりはマシだが、生半可《なまはんか》な知識をひけらかしたことへの反感・嘲笑《ちょうしょう》は免《まぬか》れない。

まずは、前者の悲惨な失敗例を紹介しよう。

NGな文章

元来《がんらい》がのんびり屋の私は、どんな場合でも、なかなか腰を上げない。近所で不発弾が発見され、避難命令が出たときも、ゴルフ中継を見たあとで、おっとり刀で避難所の小学校にむかったのだった。

ここでの「おっとり刀」は、ゆったりという意味ではなく「押っ取り」と書き、刀を腰に差すヒマもなく、手につかんで大急ぎで駆けつけるさまを表す。「ゆったり」とは正反対の意味なわけで、くれぐれも注意が必要だ。

つぎは、後者の失敗例。

NGな文章

ヘミングウェイは、第一次世界大戦後の荒廃のさなかに『日はまた昇る』という小説を書き、絶望の中にも希望があることを示した。リストラで失業者の身となった私も、生きているかぎりは完全な絶望などないのだと信じて頑張りたい。

このように文学作品をもってくるときは、むかし読んだ記憶に頼らずに、ぜひとも読み直しをして、作品の真意を再確認したほうがいい。

過去の大作家は皆、曲者《くせもの》である。このタイトルは、じつはまったくのパラドックス。

その真意は、作品の中にも描かれているように、「自分は、戦争の後遺症に侵されているというのに、皮肉にも、今日も太陽だけは昇っていく」という空虚感を表したものなのだ。

これがもし再就職の試験の作文なら、こんなまちがいは指摘されずにすみそうなものだが、なかには文学愛好家の試験官もいる。油断は禁物である。

「私」を文に入れるかどうかの基準を知る

文章を書くさい、当たり前のように「私は〜」とつづるが、この「私」を文中に登場させたほうがいい場合と、登場させないほうがいい場合がある。その基準とは…。

「つれづれなるままに、日暮らし、硯《すずり》にむかひて、心にうつりゆくよしなし事を、そこはかとなく書きつくれば、あやしうこそものぐるほしけれ」

有名な『徒然草《つれづれぐさ》』の序段である。

この一文を目にして、新たに気づくことはないだろうか。そう、この序文には「私」がないのである。

じつは、『徒然草』という二四三の章段からなる随筆集には、いっさい「私」が登場しない。全編が、吉田兼好《けんこう》という「私」が書き手であることを明らかにするスタイルをとっているにもかかわらず、である。

吉田兼好が、わざわざ「私」を追放したことには、どのような意図があったのだろうか。これを適当な現代文に置き換えて、その意図を探ってみよう。

暇《ひま》と退屈にまかせて、日がな一日、原稿用紙にむかって、思いつくことを思いつくままに書き流しているうち、異様なイメージが渦《うず》を巻きはじめた。

こうして書いてみると、そもそも「私」が邪魔《じゃま》であることがわかる。これだけ内的なことを書く場合、「私」を強調すると、自己アピールがしつこくなりすぎるのである。

では、「私」を使って、ごくふつうの文章をつくってみるとどうなるか。

私は、最近、髪の後退が目立ってきた。数年前、ある酒場で、友人がこんなことをいったことがある。「ハゲもひとつのキャラクターだ。ハゲたなら、ロバート・デュバルみたいにハゲの似合う男になれるよう心がければいい」。私はその意見に大賛成した。そして、それが自分自身の問題となったいま、私はどんなタイプのハゲオヤジでいこうかと、あれこれと思案している。

いかがだろう。むしろ、こういう軽いテーマには、「私」を入れたほうが、おかしみと実感が出てくることがおわかりだと思う。

ひとつの文章の中に「私」を登場させるかどうかは、自己主張がしつこくなるかならないかが判断の目安になる。あとは、文章全体のリズムを考えながら、「私」を登板させたり降板させたりしてみることだ。

奇抜な比喩でインパクトを狙え

比喩《ひゆ》表現には、これをやってしまうと文章が台無しになりかねないという〝盲点〟がある。比喩で失敗しないための約束ごとと、読み手にインパクトを与えるワンランク上の手法とは…。

南米の作家ホルヘ・ルイス・ボルヘスは、『アヴェロエスの探求』という短編の中で、こう書いている。

「星は、明け方に、木の葉が落ちるようにゆっくりと落ちる。アラビアの詩壇では、永らく、その比喩が素晴らしいとされていたが、自然界の出来事をほかの自然界の出来事になぞらえるほど、陳腐《ちんぷ》なことはない」（『不死の人』所収・土岐恒二訳・白水社）

この指摘は、難解なボルヘスにしては、かなり明快である。この世には、「海のように青い空」「空のように青い海」という比喩が平気でまかり通っている。ボルヘスは、木の葉のように落ちる星という比喩は、その最悪の比喩に毛が生えたようなものだといいたいわけである。

たとえば、清々《すがすが》しい草原に立ったとしよう。そこで、「この草の群れ、まるで緑の海みたい」と表現するのだけはやめてもらいたい。それでは、せっかくの草原が気の毒である。そんなに海が好きなら、海にいけよ、といわれてもやむをえまい。

以上の話には、鍵《かぎ》になるヒントが秘められている。つまり、比喩でインパクトを狙うなら、なるべく突飛《とっぴ》な組み合わせを考えたほうがいいということだ。

ただし、突飛にも制約がある。こじつけにもならないというのなら、他の物事になぞらえるという比喩の機能そのものが崩壊してしまうからだ。せめて、色・形・印象のいずれかの点でつながりがあるべきである。

頭のいい文章

油のような夕日の光

細い月が、爪《つめ》の跡かと思うほど、かすかに白く浮かんでいる

いずれも、芥川《あくたがわ》龍之介の『杜《と》子春《ししゅん》』に登場する比喩だが、油と日の光が印象によって、爪と月が形によって結びつけられている。

ちなみに、ボルヘスの『アヴェロエスの探求』では、とびっきりの突飛な比喩が紹介されている。

運命は、盲目の駱駝《らくだ》のように、突然に人を踏みにじる

これは、色も形も無縁なところに、印象だけで強引に結びつけたものだ。予想を裏切る比喩という点では、申し分のない絶品だろう。

思いきって修飾語を省いてみよう

文章に凝ろうとすると、つい修飾語が多くなりがちだが、あまりに修飾語が多い文章は、読みづらく、読み手には不親切。文章力の上達には、あえて修飾語を捨てる意識も必要だ。

修飾語は、一種のアクセサリーである。托鉢僧《たくはつそう》のように身ひとつになれとはいわないが、アクセサリーは、ピンポイントにしぼらないと、逆に際立たなくなる。ここでは、もっぱら実例で示そう。

NGな文章

宇治《うじ》の平等院は、無為のうちに滔々《とうとう》と流れる宇治川の畔《ほとり》にある。その宇治川の流れにそって、飾らない竹の生垣をゆるゆると巡ると、平等院の瀟洒《しょうしゃ》な西門に至る。西門を抜ければ、すぐに鳳凰《ほうおう》が羽を広げたような鳳凰堂の甍《いらか》が目に入り、思わず溜《た》め息が漏《も》れる。鳳凰堂の阿弥陀如来《あみだにょらい》も、いまだにきらびやかな金箔《きんぱく》をまとい、極楽浄土の荘厳《しょうごん》を永永《えいえい》と現している。鳳凰堂東面の壁には大窓がうがたれ、東から昇った朝日が黄金の阿弥陀如来を輝かせる仕掛けになっている。宇治の静謐《せいひつ》と黄金の輝き。この相反するふたつの溶け合いこそが、極楽浄土への誘《いざな》いなのである。

修飾語には、体言（名詞）を飾る体言修飾語と、用言（動詞・形容詞）を飾る用言修飾語の二種類があるが、この一文には、その双方がふんだんにちりばめられている。

思いきって修飾語のすべてを削り、全体をすこし書き改めてみよう。

頭のいい文章

宇治の平等院は、宇治川の畔にある。宇治川の流れにそって竹垣を巡り、西門を潜《くぐ》ると、すぐに鳳凰堂の姿が目に入る。鳳凰が羽を広げた姿をかたどった甍は、池の面《おもて》にも、その全容を映している。池は、鳳凰堂の鏡になるように配置されているのだ。鳳凰堂東面にうがたれた丸窓は、東側から昇った朝日が金色《こんじき》の阿弥陀如来像の顔に差しこむ高さに位置している。池の東岸から鳳凰堂を望むと、その丸窓の中に如来像の顔が覗《のぞ》いて見える。夜明けにここに立てば、黎明《れいめい》の光に黄金に輝く如来の顔と、それが池に映った顔を同時に見ることになるだろう。平等院の静謐なたたずまいには、そんな極楽浄土への誘いが隠されているのだ。

この文には、ムダな修飾語は用いられていない。**飾ろうとする言葉を削ると、その代わりに何が得られるか？　観察である。**この文には、華やかさはないが、観察がある。色のついた眼鏡《めがね》をはずせば、おのずと観察の目が働きだすのである。

「いうまでもない」のなら書かない

「いうまでもなく」「周知のごとく」といった言葉は、なんとなくカッコよく思えるものだが、めったなことでは使わないほうがいい。

「いうまでもなく」と書いてしまうと、優越感のあらわれととられかねない。読み手のなかには、「あなたはひょっとしたら知らないかもしれないが、こんなことは常識ですよ」と暗にいわれているような気がして、不快に思う人もいるはずである。

じっさい、学者の書く「いうまでもなく」は、あとにつづくのが、常識の範囲内とはいえないような、専門性の高い内容ということがある。

NGな文章

いうまでもなく、豆腐は中国の漢《かん》の時代に発明され、それが日本に伝えられたものである。

豆腐のルーツなど、知らない人のほうが圧倒的に多いわけで、それを「いうまでもなく」といわれては、読み手はムッとする。こんな「いうまでもなく」は、使わないほうがいいことは「いうまでもない」。

また、誰が見てもほんとうに「いうまでもない」ことなら、わざわざそう書く必要はない。もちろん、強調のためのレトリックとしては「あり」だが、「いうまでもなく」を使うと文章が大げさになる。それがいやなら、「もちろん」「むろん」と言い換えたほうがスマートだろう。

「です・ます」調のほうがていねいとは限らない

文章には「です・ます」調と「である」調がある。ていねいな文を書こうとするときは、「です・ます」調がいいといわれるが…。

「です・ます」調の文体は、ていねいに書いたつもりが、逆に相手を見下したようなイメージを与えてしまうことがある。たとえば、つぎのような文章は、どこか自慢げに聞こえてしまう。

NGな文章

私は夜八時までには食事を終えることにしています。粗末な食事ですが、家族といっしょの食事はじつに楽しいものがあります。

また、「です・ます」調で書いていくと、ひとつの文がどうしても長くなる。長い文ばかりになると、文章全体がだらけてくるし、文の調子もおかしくなる。

けっきょくのところ、「です・ます」調は、文章のうまい人にしか使いこなせない。文章に自信がない人は、できるだけ「である」調で書いたほうが無難《ぶなん》なのだ。

ただし、「である」調だからといって、「である」を連発しては、文章が単調になるだけでなく、どこか押しつけがましくなる。「〜だ」「〜た」「〜であった」や、現在形の「〜る」などを交ぜることで、文末に変化をつけたいところだ。

「です・ます」調と「である」調は的確に使う

「です・ます」調と「である」調が混在した文章は、読み手に違和感を与える。しかし、あえてどちらかに統一させないことで、文章に味わいをもたせる手法もある。

NGな文章

最近は、カフェのブームです。カフェには、若い女の子が喜ぶメニューがあって、それを自分の家でつくってみたいという声をよく聞く。おしゃれなウドンから、エスニックまで、それは多種多様だ。そこで、お家でできるカフェ料理というコンセプトが成り立つと思い、この企画書を立てました。

この一文は、ある二〇代の編集者の企画書だが、ここでは、「です・ます」調と「だ・である」調がごっちゃになっている。この混用は、ここでは何の意味もなさないばかりか、文章のつたなさを強調しているだけのことがおわかりだろう。

しかし、なかには味わいのある混用もないわけではない。

頭のいい文章

政治の世界というものには高い理念が必要です。しかし理念だけでは政治はできるはずはない。同時にやはりマキャベリズム、権謀術数《けんぼうじゅっすう》が必要です。聖徳太子をあまり聖なる人間と考えて、マキャベリズムのなかった人間だというふうに考えるのはまちがっています。私は正しいことを実現するにもやっぱりマキャベリズムが必要であると思う。

（梅原猛著『古代幻視』・小学館）

これは、講演を書き起こした文章だが、ここでの語尾の不統一は、むしろ、話し言葉の味わいを生かすのに役立っている。「～です」の丁寧《ていねい》語で結ぶか否かは、語り手の微妙な配慮と自信のバランスが表れているので、それなりの意味と効果があるのである。

ふつうの文章を書く場合、「です・ます」調と「だ・である」調、さらには「体言止め」を混在させるのは、けっこうむずかしいものだ。基本的には、書いた文章を音読してみるなどして、文章の調子を整えながら、ということになる。完璧にできれば、もちろん効果はある。まあ、ライターとして飯が食えるくらいの腕といっていい。

語尾が単調にならないよう気をつける

同じ語尾がくり返し出てくると、文章全体がどうしても単調になり、読み手は疲れてしまう。いっぽう、スイスイ読んでいける文章には、語尾に変化をつける工夫がしてあるものだ。

あなたがよく知っている公園の風景を思い浮かべてみてほしい。そして、その風景のディテールひとつひとつを、絵を描くように描写するつもりになっていただきたい。すると、こんな困ったことが起こりはしないだろうか。

NGな文章

池には、鴨《かも》が泳ぎ、ボートが浮いている。池にかかった橋では、カップルや家族連れが、鯉《こい》にエサをやっている。子どもたちはボールを蹴《け》り、若者はギターを弾いて歌を歌っている。それらをひとつのアングルの中におさめると、人々のあいだに流れる不思議なつながりを感じる。

困ったこととは何か？　語尾が「〜いる」のくり返しになってしまっているのだ。これは、眼前の風景を現在形で描写しようとするときに起こりがちな事故といえる。

この場合、「目の前の風景」という制約があるから、過去形が使えない。しかも、すべてが同時進行のムードなので、時間のズレも表現しづらい。

そこで、こうした事故が起きてしまうのだ。

これでも、伝えたいことは伝わるじゃないか、と思ってはいけない。文章というのは、料理やファッションと同じく、あくまでも表現であり文化なのだ。おいしい、美しい、と思わせるには、工夫がいる。

それでは、「〜いる」のくり返しは、どうすれば克服できるか。

頭のいい文章

池には、鴨が泳ぎ、ボートが浮いている。なんとも、うららかな日和だ。池にかかる橋には、鯉にエサをやるカップル、家族連れの姿がある。子どもたちはボールを蹴り、若者はギターを弾いて歌を歌う。それらをひとつのアングルの中におさめると、人々のあいだに流れる不思議なつながりを感じる。

この操作を文法上の理論で説明すると、込み入った話になるのでやめておく。とにかく、同じ語尾をつづけない工夫はきわめて大切だということ、それも工夫しだいで何とでもなるということを覚えておいてほしい。

限られた字数では、体言止めを使う

スポーツの記事やコラムには、字数の制約から体言止めが使われることが多い。そのテクニックと、もうひとつの効果とは…。

つぎの一文は、ある年の夏の甲子園を扱った『朝日新聞』の記事である。

東洋大姫路のアン投手は、3回途中、わずか55球で降板。（中略）日南学園の中軸には、直球も変化球も通じなかった。3連続長短打で瞬《また》く間に2失点。「5回までは投げきりたかったんですけど…」。声がかすんだ。

体言止めを用いることで、限られた文字数の中に文章がうまく収められている。さらに、体言止めの効果により、文章にリズム感が生まれ、いままさにゲームが進行しているような臨場感が表現されている。

父は元高校球児。野球のルールを教えてもらいました。幼いころから弟とキャッチボールして遊んだり、スポーツが大好き。（同日同紙面の、女優・忍足《おしだり》亜希子へのインタビュー・コラム）

この一文では、「話し言葉止め」という手法に注目していただきたい。

ここでの体言止めは、臨場感よりも言葉の省略という目的で使われている。

コラムは、行数がかぎられている。そのせまい枠《わく》に、なるべく多くの情報を込めようとするときは、「〜です」や「〜であった」といった語尾の字数でさえ節約する必要に迫られるのだ。

語順によって強調したい所を変える

一文の中の語順を入れ替えることで、自分が書きたいこと、強調したいことを明らかにするテクニックを紹介しよう。

私が美紀子と神宮の絵画館で出会ったのは、ポプラ並木が色づきはじめた一〇月末のことだった。

この文章では、「一〇月末のことだった」が強調されているが、この文の語順を入れ替えることによって、強調したい部分を自在に変えることができる。

ポプラ並木が色づきはじめた一〇月末、私は、神宮の絵画館で美紀子と出会った。

ポプラ並木が色づきはじめた一〇月末、私が美紀子に出会ったのは、神宮の絵画館だった。

前者は、時期や場所を強調せず、「私と美紀子が出会ったこと」がサラリと書かれている。後者は、出会いそのものよりも、出会った場所を強調している。

これが、文章の冒頭に当たるものだとすれば、なおさら、その強調されたポイントが文章の本筋を左右することになる。

どちらがカッコいいか、ではなく、どちらが自分の書きたいことなのかを見つめたうえで、語順を研究していただきたい。

倒置法はその印象に気をつける

倒置法とは、文章の語句を、ふつうの語順とは逆さまにして、文末を強調させる手法のこと。使い方によっては巧みな文章表現になりうるが、注意点もある。

ぜひとも食べてみたい、その珍味を。

ふつうの文法なら、「その珍味をぜひとも食べてみたい。」とするところだが、それを逆さまにすることによって、「その珍味を」が際立つ。それが、倒置法の第一の効果である。

そのほかにも、この手法には、文章の末尾に変化をもたせるという効果がある。

私は、新宿歌舞伎町《かぶきちょう》の事件現場に立った。そこには、まるで祭りを見物するように野次馬が群れ集まっていた。

この一文を倒置法にすると、

私は、新宿歌舞伎町の事件現場に立った。そこには、野次馬が群れ集まっていた。まるで、祭りを見物するように。

ということになり、たしかに、文末には変化が生まれる。

ただし、注意してほしいのは、この逆転によって、現場に群がる野次馬のありさまが強調されることである。つまり、これにつづく文章は、事件現場ではなく野次馬に主眼が置かれなければならないが、そうでないと、読者は混乱するということである。

倒置法の印象をもっともよく生かした名文を紹介しておこう。

さあ、行こう。神々のいるところに。我々を苦しめた敵のいるところに。賽《さい》は投げられた。

作者はシェイクスピア。宿敵ポンペイウスと戦うべく、ルビコン河を渡ったときのカエサルの台詞《せりふ》である。

ただ「行く」という行為よりも、我々が「どこへ」行くのか、「何を」しに行くのかが力強く叫ばれている。

シェイクスピアは、ある種の臭《くさ》みを狙ったわけだが、倒置法を使うと、特別な強調や臭みをともなう。そのことだけは頭に入れておいていただきたい。

あいまいな言い方は断定形に直す

説得力のある文章を書くためには、語尾をできるだけ「断定形」にしたほうがいい。ぼかした言い方ばかりでは、読み手の心には何も伝わらないからだ。

たとえば、つぎのような文章を読んで、あなたはどのように感じるだろうか。

NGな文章

自由とは、すべての人間が生まれながらにもっている権利といえるかもしれない。しかし、最近の日本人には、この権利を行使する資格がない人が多いのではあるまいか。権利を行使するためには、そのまえに義務を遂行しなければならないだろう。はたして、現在の日本人に自分は義務を遂行していると胸を張っていえる人がどれだけいるだろうか。

この文章は、すべての文が「～かもしれない」「～あるまいか」「～だろう」「～だろうか」という、推定、もしくは奥歯にもののはさまったような終わり方になっている。つまり、ひとつとして言いきった文がないのだ。

これでは、読み手を説得することはできない。たしかにすべての文を断定することはできなくても、自分がいいたいことくらいは断定しないことには、誰も聞く耳をもってくれない。

頭のいい文章

自由とは、すべての人間が生まれながらにもっている権利である。しかし、最近の日本人には、この権利を行使する資格がない人が多い。権利を行使するためには、そのまえに義務を遂行しなければならない。はたして、現在の日本人に自分は義務を遂行していると胸を張っていえる人がどれだけいるだろうか。

最後の文だけは「～だろうか」としたが、他はすべて断定形にしてみた。「権利である」「資格がない人が多い」「しなければならない」と言いきってしまえば、当然、反論が予想される。しかし、反論をおそれて最初からぼかした言い方で逃げるのは卑怯《ひきょう》だし、自信がないのなら最初から文章など書かなければいい。

ここに挙げた以外にも、「～と思う」や「～と思われる」「～と私は思っている」など、自信のなさが表れた言い方は少なくない。文章の推敲《すいこう》段階ではなく、書きはじめるときから、ぼかした言い方や自信のない言い方をしていないかどうか、ぜひとも検討してほしい。

よくある結び方の欠点を知る

文章は書き出しが大切だが、同じように結び方も大切だ。終わりよければすべてよし、とまではいわないが、少なくとも結び方が凡庸《ぼんよう》だと、どんなに内容がよくても読み手の心には残りにくいものだ。

よくありがちな結び方を並べておこう。

NGな文章

① 庭先のツツジを眺めながら、ふと女学校時代を思い出す今日このごろである。

② このさい、思いきった改革が必要だと考えるのは、私だけだろうか。

③ 行政もそろそろ重い腰を上げなければならない時期だと思うのだが……。

④ 紙数が尽きたので、残念ながら筆をおくことにする。

⑤ あまりゾッとしない話ではある。

①の「今日このごろである」は、新聞の投書欄でしばしばお目にかかる結び方だが、あまりに手垢《てあか》がつきすぎた結び方で、現在ではパロディとしてしか使い道がない。

②の「○○と考える（思う）のは、私だけだろうか」も、紋切り型の結び方の典型。それだけでも大減点だが、奥歯にもののはさまったような言い方が不快で、さらに減点の対象になる。

③も、②と同類。「……」で終わっているため、思わせぶりで、②以上に不快感が残る。「時期にきている」と、なぜ断定できないのか。断定できないのなら、その理由を明記すべき。

④は、言い訳のつもりだろうが、言い訳になっていない。「それなら、紙数が尽きないよう、短くまとめて書き直せ」といいたくなる。

⑤の「○○ではある」という結び方がキザっぽい。もちろん「○○である」と「○○ではある」は、意味するところが違うから、簡単には言い換えられない。しかし、「○○ではある」は、どこかエラそうで、皮肉っぽい。ここぞという時に使わないと、逆効果になることがほとんどだ。

（　）や〃　〃をむやみに使わない

（　）や〃　〃の多用は、推敲段階で初めて気がつくことが多い。だがこれは、本来、文章を書くときから気をつけるべき注意点。文章がうまい人は、不必要に（　）や〃　〃を用いないものだ。

まず、カッコを多用しないということについて。

たとえば、つぎのような文章を読んで、あなたはどう感じるだろうか。

NGな文章

①　日本人は礼儀正しい、と思われている（例外はあるだろうが）。

②　疲れきった私は、ベッドに倒れこんでしまった（じっさいは、蚊《か》が飛んできて、なかなか寝つけなかったのだが）。

③　……というわけで、ホントは私は女性というものが苦手なのである（んなワケはない？）。

①のカッコの内容は、ひと言でいうと言い訳である。基本的に言い訳しなければならないようなことは書かなければいいのだが、どうしても言い訳が必要なら、「例外はあるが、日本人は礼儀正しい、と思われている。」と書けばいい。

カッコのある文章は、読みにくい。カッコのところでいったんリズムが途切れるため、かえって目立ってしまうのだ。

②は、ほとんどカッコに入れる意味がない。「疲れきった私は、ベッドに倒れこんでしまった。しかし、じっさいは、蚊が飛んできて、なかなか寝つけなかったのだが。」で、なぜいけないのか？

「じっさいは～」につづく文章が、ただの付け足しなら、削ったほうがいいし、読み手にぜひとも伝えたいのなら、カッコに入れなければいい。それだけの話だ。

③は、軽いコラムやネットの掲示板などでよく見られる、自分で自分にするツッコミである。（トホホ……）（当たり前か）（文句あっか！）など、いろいろなパターンがある。

自虐《じぎゃく》的になったり、居直ったりすることで、笑いをとろうというわけだ。しかし、カッコの中の言葉で笑いをとるためには、かなりの筆力が必要。ふつうの人はたいていハズすから、やらないほうが賢明だろう。

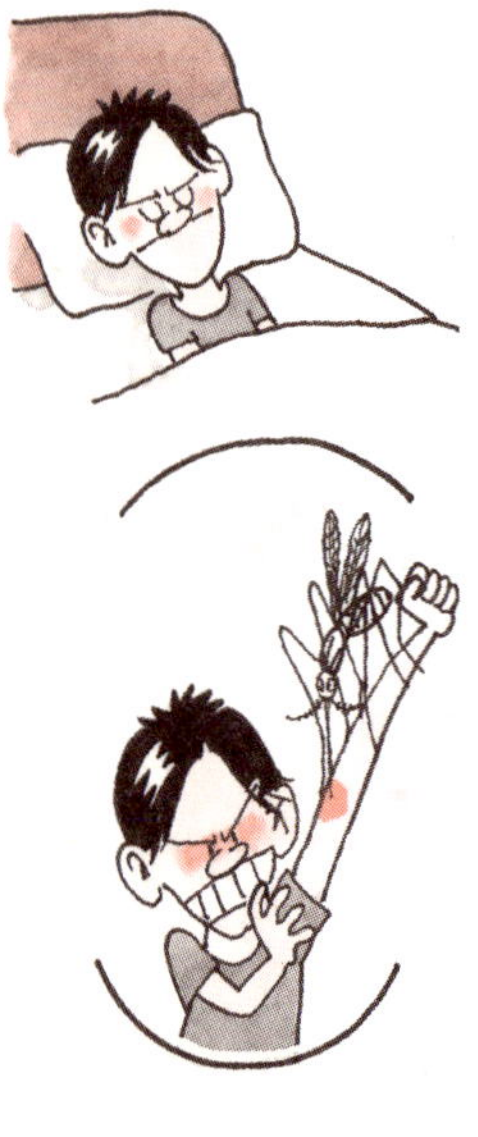

つぎは、〝 〟。たとえば、こんな文章である。

NGな文章

④ 世間では、〇〇というのが〝常識〟とされている。

⑤ 〇〇は、いわば〝バイブル〟といえる。

④は、言外に「〇〇は常識とはいえないのではないか」という意味が込められているわけだが、「世間では、〇〇が常識とされている。」と書いても、なんの不都合もないはずだ。

⑤の〝バイブル〟は、「いわゆる」という程度の意味。しかし、この場合は「いわば」といっているのだから、重言になる。「いわば」がなければ「〇〇は〝バイブル〟といえる」でもいいが、「バイブル」ほどの言葉になれば、〝 〟は不要だろう。

〝 〟は、往々《おうおう》にして独《ひと》りよがりになりやすい。文章を書くさいや推敲するさいには、ほんとうにその〝 〟が必要なのか、よくよく考えてみることだ。

改行によって軽快なリズムをつくる

文字がぎゅう詰めになった文章は重苦しく感じる。逆に、改行の多い文章は、ひと目見てスイスイと楽に読めそうに思えるものだ。

改行は、少なすぎて困るということはあっても、多すぎて困るということはまずないと思っていい。

ベストセラーを量産した池波正太郎《いけなみしょうたろう》は、改行のサービスにもっとも秀《ひい》でた作家だった。『闇の狩人』（新潮文庫）の冒頭部分から、その一例を引いてみよう。

頭のいい文章

温泉は、河床からふき出ている。

そこへ、丸太づくりに板屋根の小屋掛けがしてあった。

岩と丸太でかこんだ浴槽から、清澄《せいちょう》な空気が滾々《こんこん》とあふれ、岩石で区切られた谷川のながれへ渦《うず》を巻いて入りまじってゆくのである。

「ああ…」

温泉にくびまでつかり、雲津の弥平次は何度も嘆声をもらした。

改行と文体が見事にかみ合って、そこに、すいすいと抜けていくようなリズムが生まれている。改行もまた、ひとつの文体であることの見本である。

「〜にいく」と「〜へいく」の違いを知る

「〜にいく」も「〜へいく」も、同じように使ってしまいがちだが、そこには、微妙なニュアンスの違いが隠されている。

ここでは、ちょっとばかり、助詞の使い分けを勉強していただこう。

① 大学にいく
② 大学へいく

①と②とでは、どんな印象の違いを感じるだろうか。

一般的には、「〜に」は、目標を表し、「〜へ」は、たんなる方向を表すとされている。

つまり、①は、大学へ進学するというニュアンスであるのにたいし、②は、大学（の建物、あるいは授業）に出かけていくという意味にとれる。

では、つぎの場合はどうか。

① 大学生になる
② 大学生となる

「日没の光が失せ、夜になった」とはいうが、「夜となった」とはめったにいわない。「〜になった」は、自然にそのような状態に達したときに使う。したがって、①は、たいして考えもせず、または苦労もせずに、昼が夜になるように大学生になったというニュアンスである。

それにたいし、「〜となる」は、能動的な意思を表すので、②からは、進学への意思や受験勉強の苦労が伝わってくる。

いずれも、大きな違いではないが、そんなニュアンスを意識しながら助詞を使い分けてみるのも、文章を磨く術《すべ》である。

あえてカタカナにすることでイメージが伝わる

漢字で表現するよりカタカナ表記にしたほうが、言葉のイメージが伝わりやすい場合がある。ただ、やたらとカタカナで表現すると、意味合いが変わったり、文章がうるさくなったりすることも…。

「駅伝」を「エキデン」と書いた場合、そこには、「エキデン」はすでに世界の公用語として定着している、という主張がふくまれている。

それ以外に、日本語をカタカナにするのは、どんな場合が考えられるだろうか。

「減り張り」は、「メリハリ」と表記されることが多い。もともとは、邦楽での音の抑揚《よくよう》を表す言葉だが、漢字の字ヅラからは、この言葉のイメージが伝わりにくい。むしろ、カタカナのほうが、イメージが伝わりやすいだろう。

「カネとコネ」と書く場合の「カネ」は、「コネ」との字ヅラ合わせの意味もあるが、われわれが生活するために必要な「金」とは別の、「抽象化された金銭」、つまり「庶民には縁遠い、力のシンボル」という意味がこめられている。

「ウンチク」という言葉も、カタカナにされることが多い。「薀蓄」という漢字がやたらにむずかしいというのが、その理由のひとつ。

また、「ウンチクを披露《ひろう》する」「ウンチクを傾ける」という言葉には、もの知りぶっていることへの皮肉もこめられている。「ちょっとばかり、ウンチクを傾けさせていただきました」と自嘲《じちょう》気味に表現する場合もある。だから、カタカナになる。

「センセイ」となると、そこには、もはや先生への尊敬はない。いかにも「ニセモノ」という響きがあり、明らかに威張《いば》っている人をからかっている。さらに、「センセイ」が「チェンチェイ」になれば、相手を露骨にバカにしていることになるのはいうまでもない。

「ワカラナイ」は微妙だ。カタコトの日本語を話す外国人が、「ワカリマセ～ン」と肩をすくめているニュアンス。あるいは「お手上げ」という感じをユーモラスに伝える効果もありそうだ。

このように、カタカナは、皮肉、からかい、ユーモア、自嘲などのニュアンスを伝えたり、意味を軽くしたりするときに使われることが多い。

いずれにせよ、むやみにカタカナを使うと、意図しない意味が出てしまうことがあるので、それだけは要注意のこと。

読み返すことで文章を磨きあげる

●原稿を手直しする際のチェックポイント

「小説家は書いている時間より、読んでいる時間のほうが長い」

作家の保坂和志氏が、『書きあぐねている人のための小説入門』（草思社）の中で、こんなことをいっている。

これは、小説を書く時間より、他の本を読んでいる時間のほうが長いという意味ではない。

じっさいに原稿用紙にペンを走らせている時間より、これまで書いた部分を読み返している時間のほうが長いという意味なのだ。

あなたは、自分の書いた文章を何回読み返すだろうか。

二回？　それとも五回？

正解は「納得がいくまで」である。

ひとつの文を書いたら、その文を読み返す。つぎに、ひとつの段落を書いたら、その段落を読み返す。さらにひとつの小見出し分を書いたら、その小見出し分を読み返すという具合に、最終的にその文章を書き終わるまで、自分の書いた文章は何度も読み返さなければならない。

読み返しながらチェックすべき最重要ポイントは、

①正しい日本語になっているか

②わかりにくい部分はないか

という二点。さらに声に出して読んでみると、文章の流れやリズムのよしあしもわかってくる。

こうして、文章を何度も読み返し、輪島塗《わじまぬり》のように手を入れていれば、そんなにひどい文章にはならない。

そもそも、読み返しもしないで公《おおやけ》にされた文章は、チェックもせずに商品を売りに出すようなものである。

ふつう、商品を売るときは不良品がないか確認するし、料理を出すときも味付けを確認する。最初に使用する人や食べる人は、売る人や料理人本人である。そこでマズいところがあれば、直してから、お客に出す。文章を書くときも、まったく同じだ。

自分で読んでわかりにくければ、やはり他人が読んでもわかりにくい文章なのである。わかりにくいのであれば、書き直すなり、ばっさり削ればいい。

パソコンなら、それがラクにできる。ものによっては、一度や二度の書き直しでは、まだわかりづらいということもあるだろうが、ここで手を抜いては、絶対にいい文章にはならない。

あるいは、**読み返すうちに、別のアイデアがわいてきて、大きく論旨《ろんし》が変わらざるをえなくなることもある。それが前の論旨より優《すぐ》れていると思えば、これまで書いた原稿を全部ボツにしても**（もちろん締め切りや制限時間との兼ね合いはあるが）、**方向転換すべきことはいうまでもない。**

文章とは不思議なもので、実際、書き進んでいる最中や推敲《すいこう》段階で、当初は思ってもみなかったような結論に行き着くことがある。これは、じつは文章を書く醍醐味《だいごみ》ともいえる。その意味で、最初に想定した結論にこだわる必要はないのだ。

しばらく〝間〟をおいてから読み返す

文章を書くときは、書きながら何度でも読み直すべし、と述べた。この読み直しは、もちろん文章を書き終えてからも行なう。

これが推敲で、実用文であれ、小論文であれ、エッセイであれ、小説であれ、文章は

書いた文章は、とことん磨きあげる

●文章は、書きながら何度でも読み返す

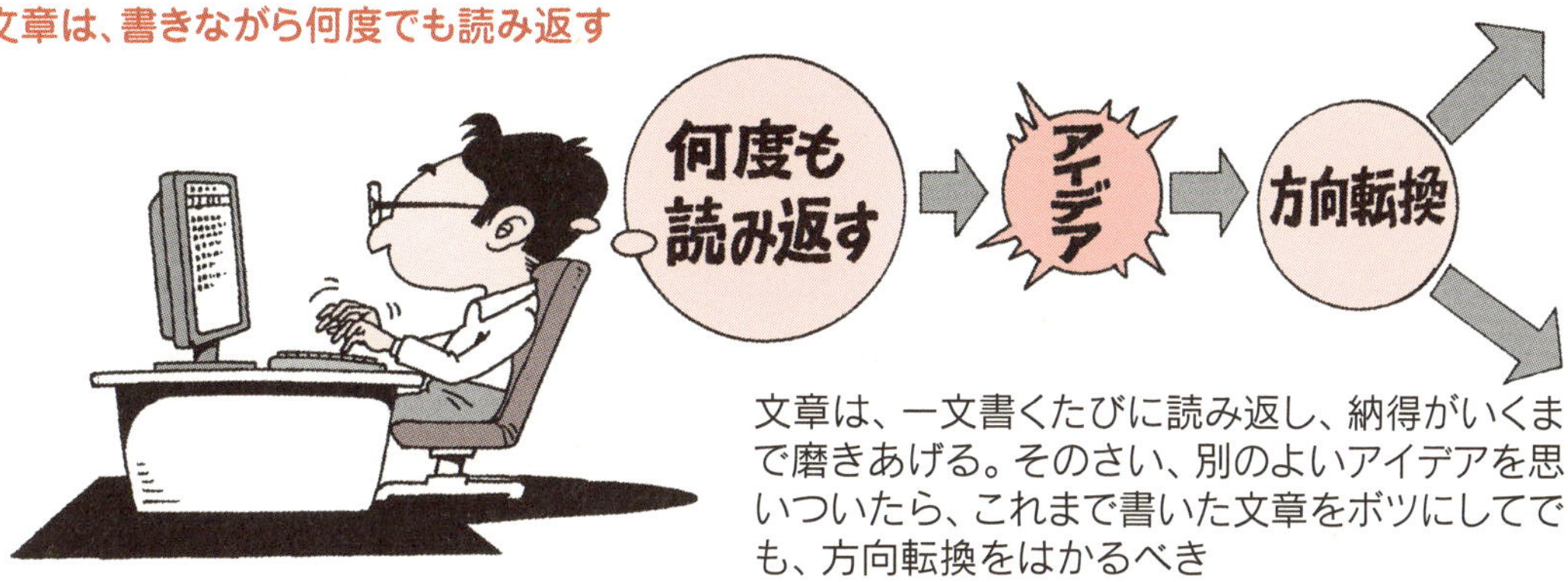

文章は、一文書くたびに読み返し、納得がいくまで磨きあげる。そのさい、別のよいアイデアを思いついたら、これまで書いた文章をボツにしてでも、方向転換をはかるべき

●文章を書き終えたあとの「推敲」のコツ

推敲は、ひと晩“間”をおいてから行なうのがポイント。文章を書いていたときの興奮がおさまり、冷静な目でチェックできる

推敲して初めて完成する。

推敲とは、第三者の目になってする、いわば〝アラ探し〟だ。チェックポイントはかぎりなくある。

その代表的なものは、

①誤字や脱字はないか
②日本語としておかしな表現はないか
③内容が矛盾《むじゅん》していないか
④独《ひと》りよがりの表現はないか
⑤言葉が足りない部分や逆にカットしたほうがいい部分はないか
⑥文章のリズムはいいか
⑦その内容でほんとうに自分は満足できるのか

など。全神経を集中させて自分の書いた文章を読み直し、納得がいくまで文章を手直しするのだ。

推敲にコツがあるとすれば、それは文章を書き上げてすぐではなく、しばらく間《ま》をおいてからやることだろう。

もちろん、試験での小論文など、かぎられた時間内に提出しなければならない文章は基本的な見直ししかできないが、締め切りまで二四時間以上あるときは、たとえば夜書いた原稿は、翌朝見直すくらいがいい。

夜書いたラブレターを翌朝読み返してみると、書いた当人が赤面してしまうような内容だった、とはよくある話だが、ふつうの文章も、基本的にはラブレターと同じだ。

書き終えた直後は、神経が興奮しているため、なかなか自分の文章のアラが見えない。しかし、ひと晩おくと、興奮はおさまり、第三者の目で自分の原稿を読み返すことができる。

ひと晩おくような余裕がないときも、散歩に出るとか、風呂に入るなどして、いったん自分の頭から書いた文章を追い出してしまう。

他人のアラはよく見えるものだが、推敲のためには、自分が他人になれるくらいの〝間〟が必要だ。小説の場合、作家の中には、一か月から半年以上〝間〟をおく人もいるほどである。

パソコンで書いたら必ずプリントして読む

●「紙」で見ると原稿のアラがよく見える理由

推敲は必ず印刷してから行なう

パソコン画面での推敲は、どうしても甘くなりがち。プリントしてから推敲すると、文章全体が一度に目に入るため、原稿のアラに気づきやすい

パソコンは文章を書くには便利な道具だが、推敲にはきわめて不向きな道具だということは知っておいたほうがいい。

　こういうと、パソコンは削除や挿入《そうにゅう》、移動などがいとも簡単にできるから、むしろ推敲にこそむいた道具ではないか、という人がいるはずである。

　たしかにパソコンにはそうした便利な機能がついているが、推敲するときだけはパソコンから離れるべきだ。つまり、いったん書いた文章をプリントアウトし、赤ペンを握りながら原稿を手直ししていくのである。

　パソコンの画面を見ながらの推敲は、どうしても甘くなる。パソコンの画面にはあまりにも整然と文字が並んでいるため、文章の完成度が高いと錯覚《さっかく》してしまうのである。

　ところが、原稿をプリントアウトしてみると、不思議なことにアラがよく見えてくる。

　これは、**プリントアウトすることで推敲するための“間”がおけた**、ということがひとつ。さらに、**プリントアウトするとパソコン画面よりたくさんの文章が一度に目に入るため、文章全体のリズムや論理の展開がよくわかる**ということもある。他人の書いた本を読むときのように、アラ探しがしやすいのだ。

　とくに縦《たて》書きの文章を横書きで書いた場合は、パソコン画面を縦書きに変換してみてもダメ。縦書きの文章にプリントアウトしないことには、どうしても感じがつかめない。

　文章を書きはじめたばかりの人は、すべてを書き終えてからではなく、原稿用紙一〜二枚分ほど書いたら、そのつどプリントアウトして、直しを入れていったほうがいい。面倒そうだが、そのほうが結果的に短時間で完成度の高い文章ができる。

推敲には音読も効果的

　推敲するときは、文章を黙読するのではなく、声に出して読むのも有効な方法である。

　声に出して読んでみると、文章のリズムがよくわかる。すんなり読めないのは、悪文の証拠。「てにをは」や接続詞の使い方、文章の長短、語尾など、かならずどこかに修正すべき点があるはずだ。

　文章を書き直したときは、前後の部分もふくめて、その場で声に出して読んでみる。そして、前後の文章と流れが滞《とどこお》らないか、わかりやすくなっているか、論理は破綻《はたん》していないか、などをチェックする。

　自分の書いた文章を耳で聞いてみると、第三者の立場で、自分の原稿を見直すことができる。

三割長く書いて上手に刈りこめ

●文章に付着した〃ぜい肉〃をそぎ落とす極意

「推敲とは文章を削ることなり」とは、昔から多くの作家たちが実践、伝授してきた金言のひとつだ。ここでは、そのもっとも大胆な〃削り〃について述べよう。

それは**「三割長く書いて、三割削る」**ということ。**たとえば八〇〇字の原稿なら、最初から一〇〇〇字書き、あとから二〇〇字削るのである。**

もちろん、最初に書く一〇〇〇字は、水増しした内容では意味がない。最初から上限は一〇〇〇字のつもりでマジメに書く。で、書き終わったら、「あ、上限は八〇〇字だった」と、さもたったいま気がついたかのように、シブシブ二〇〇字削るのである。

すると、ほぼ一〇〇パーセント原稿はよくなる。なぜか。ムダな贅肉《ぜいにく》がとれたからだ。

最初に書き上げた文章には、まずまちがいなく贅肉が付着している。余分な接続詞や形容詞はもちろん、同じような意味の文章が二回出てきたり、いわずもがなの言い回しがあったりする。

こうした贅肉は、書いた当人は、書いた時点ではけっして贅肉とは思っていない。むしろ、きれいなドレスを着て、豪華なアクセサリーを身につけた、くらいに思っている。

ところが、じっさいにドレスを着て化粧した姿を鏡に映してみたら、ローブ・デコルテを身にまとい、コテコテに厚化粧したお化けがそこにいた……とでもいえばいいだろうか。

人間、誰しも自分の書いたものには愛着があり、それを削るのは、モッタイナイと思ってしまう。なんとか、その形容詞や言い回しに存在理由を見つけようとするのである。

しかし、八〇〇字という制限がある以上、あと二〇〇字削らなければならない。けっきょく、削れそうな形容詞や言い回しに優先順位をつけて、下のものから泣く泣く削ることになる。

もう一度いうが、文章は削ったほうが、ほぼ一〇〇パーセントよくなる。そうであれば、無理やりにでも削らなければならないような状況にもっていけばいい。「三割長く書いて、三割削る」とは、そういう意味である。

チビチビ削らずばっさり削る

八〇〇字程度の原稿なら、前項で述べたような削り方でいいが、これが原稿用紙二〇枚、三〇枚といった分量になると、余分な接続詞や形容詞、言い回しを削るくらいでは、なかなか贅肉をそぎ落とすことはできない。こんなときは、ばっさり削るにかぎる。

二〇～三〇枚程度の原稿では、論文なら起承転結、短編小説や長いエッセイなら、いくつかのシーンに分かれているはずだ。

こうした文章を削らなければならないとき、起承転結なら「起」の部分をちょっと削り、「承」の部分もちょっと削るという具合に、全体をすこしずつ刈りこもうとする人が多いが、これは小手先の直しに終わることが多い。

こんなときは思いきって、「起」なら「起」の部分をばっさり削ってしまう。短編小説や長いエッセイなら、あるシーンや説明の部分などを丸ごとカットしてしまうのだ。そうすると、ほとんどの場合、内容がよくなる。

ほんとうにいいたいこと、重要なことだけが残るから、第三者が読んですんなり理解できるのだ。

第三者に読んでもらい最終チェック

●自分頼みの推敲には、限界がある

推敲の限界…
何度も読むうちに、わかりやすいのかどうかさえ、わからなくなる
論旨を理解できているため、無意識のうちに解説を省略
チェック!!
第三者の意見にはできるだけ素直に従う
チェック!!
家族
友人

自分頼みの推敲では万全とはいえない。他人の力を借りることも必要だ

推敲とは、自分が第三者になって、自分の文章のアラ探しをすることだと述べた。しかし、人間、そう簡単に第三者になれるものではない。

第三者にはわかりにくい部分があったとしても、書き手の頭の中では論旨が整理されていたり、無意識のうちに解説を補いながら読んでしまったりするため、すんなり理解できてしまう。

たとえば、論旨がAからBにすすむとき、第三者はCを経由しなければわかりにくいのだが、書き手はCを自明のことだと思いこんでいるため、それを省略。その結果、わかりにくい文章になってしまう。

あるいは、**自分の原稿を何度も読み、手を入れているうちに、わかりやすいのかわかりにくいのか、面白いのか面白くないのか、見当さえつかなくなることも多い。**

時間をおいてから推敲せよというのも、こうしたドロ沼にはまらないための方策なのだが、やはり自分だけでする推敲には限界があるのだ。

そこで必要になるのが、本物の第三者である。

プロの物書きなら、第三者は編集者や校閲《こうえつ》者、校正者ということになるが、ふつうの人にとっての第三者は、友人や家族というケースがほとんどだろう。

友人や家族に原稿を読んでもらうときは、できれば読み巧者を選ぶに越したことはない。ただ、読み巧者といわれる人には、ときおり偏屈《へんくつ》な人もいて、そういう人の感想や指摘は、割り引いたり、割り増ししたりしなければならないが。

いずれにせよ、第三者の意見には、できるだけ素直に従ったほうがいい場合が多い。いくらあなたが「右」のつもりで書いた文章でも、読み手が「左」だと誤解するような文章は直すしかないのだ。

なぜなら、文章は人に読まれ理解してもらってこそ、初めて文章といえるからである。

第6章

頭のいい人が実践する
文章トレーニング

これまで、「頭がいい人の文章の書き方」について、その知恵とテクニックを紹介してきたが、ここでは一歩進んで、文章力をさらに伸ばすための日々のトレーニングについて紹介しよう。自分に合った方法を選び、実践すれば、確実に実力アップするはずだ。

名文を書き写すトレーニング

楽しいと思える本で「名文」に親しむ

●文章力が確実にアップする習慣術

自分が「いい」と思った文章を書き写してみよう。プロの文体や言い回しを“体感”することが、自分なりの文章スタイルをつくる糧になってくれる

文章がうまくなるためには、いい文章や本をできるだけたくさん読むことだ。たくさんのいい文章にふれるうちに、文章を書くポイントやテクニックは知らず知らずのうちに身についてくる。

ただ、どうせ本を読むのなら、読んでいて楽しい本を読んだほうがいい。

文章がうまくなりたいという目的だけで本を読んでいると、たいてい苦痛になってくる。いくら名文といわれる文章でも、興味のないテーマの本では身が入らないし、文章も思ったほど上達しない。

けっきょく、読んで楽しく、なおかつ「いい文章」を読む、というしかないのだが、では「いい文章」とは何か？

これは一概《いちがい》にはいえない。夏目漱石《そうせき》や芥川《あくたがわ》龍之介の文章が名文であることは誰しも異論のないところだろうが、だからといって、すべての人がふたりの作品を読んで面白いと思うかどうかは保証できない。

けっきょく、**いい文章とは、そのときどきの自分が「いい」と思った文章**、というしかない。他人や「文章読本」が推薦《すいせん》する文章が、「いい文章」とはかぎらず、それは自分で探すしかない。

自分がいいと思う文章は、年齢によって当然変わってくる。が、それでかまわない。作家は、みな固有の読書体験をもっており、だからこそ彼らは固有の文章が書ける。さまざまな読書体験の中から「いい文章」を発見するのも、大いなる楽しみというものだ。

名文を書き写すことで「個性」が生まれる

文章力をあげるためには、自分で名文だと思った文章を書き写してみるのもひとつの方法である。

ある作家の文章を書き写すことは、一義的にはその作家の文体をまねすることになるが、まねだけには終わらない。

書き写すという作業は、読むという作業より、ずっと濃厚である。

書き写すことによって、読んでいるときには気がつかなかったことが見えてくる。さまざまな発見もあれば、なぜこんな言い回しをするのだろうという疑問もわいてくる。その発見と疑問が、自分がオリジナルの文章を書くときに役立ってくる。

こうなると、やがて自然に自分の型ができてくる。師匠である作家の文章とは違った、自分なりの文章が書けるようになってくるのだ。

書き写すという作業は、原稿用紙にむかって一字一字マス目を埋めていかなければ意味がない。作家になりきって書けば、かならず効果があるはずだ。

これぞという名文を自力で〝再現〟してみる

●自分の文章の〝欠点〟が見えてくる

名文を書き写すことは文章上達にきわめて効果的だが、一字一句、忠実に書き写すのではなく、一度自分の頭の中にインプットした文章を再現するという方法もある。

まず、これぞという文章を見つけたら、全文を書き写すのではなく、そのあらましを書く。原稿用紙一枚くらいの文章なら、五〜六行でいい。

あらましを書いたら、一週間ほどおく。つぎに、そのあらましを見ながら、もとの文章を再現してみる。このとき、もとの文章を忠実に再現しようとする必要はない。あらましを見て自分なりの新しい文章を書くようなつもりでいい。

当然ながら、自分の書いた文章は、手本にした文章とは大きく違うはずだ。しかし、その違いをチェックしていけば、自分の欠点が見えてくる。

文の長さや語《ご》彙《い》、話の運び方など、オリジナルとのさまざまな違いが発見できるだろう。ただ書き写しているだけではわからなかった、自分の悪いクセやボキャブラリーの貧しさに気がつかされることもあるだろう。

小説のPR文を自分で書いてみる

文庫本の小説の裏カバーには、その小説のあらすじや読みどころを書いた一文がある。二〇〇字に満たないほどの文章だが、この書き手は、たいてい版元の手練《てだれ》の編集者。その小説を読みこみ、何が売りになるかをしっかりつかんで短くまとめている。

たとえば、こんな具合だ。

「『私』はアパートの一室でモツを串に刺し続けた。向かいの部屋に住む女の背中一面には、迦陵頻伽《かりようびんが》の刺青があった。ある日、女は私の部屋の戸を開けた。『うちを連れて逃げてッ』——。圧倒的な小説作りの巧みさと見事な文章で、底辺に住む人々の情念を描き切る。直木賞受賞で文壇を騒然とさせた話題作」（車谷長吉《くるまたにちようきつ》『赤目《あかめ》四十八《しじゆうや》瀧心中未遂《たきしんじゆうみすい》』・文春文庫）

「ぼくはさっき感じたズルズルと愛のようなものに自分が浸《ひた》っていく気持ちを大事なもののように感じていたのだが、ズルズルがズルズルと一人で勝手に土俵《どひよう》を割っていったような気持ちになった……。前作『プレーンソング』の四人は、いつものように毎日おしゃべりし、そして恋をする。夏の終わりから晩秋までの至福に満ちた日々」（保坂和志『草の上の朝食』・中公文庫）

車谷長吉氏と保坂和志氏という、ひじょうに個性的なふたりの作家の文庫本裏カバーである。前者は、物語が大きく動きだすシーンを紹介。それだけで、不気味だが、興味津々の話が展開されそうな予感がしてくる。後者は、作家の文章をそのまま引用しながら、どことなく不思議な、ほわんとした小説であることを伝えようとしている。

あなたも小説を読んだら、編集者になったつもりで裏カバーの文章を書いてみよう。

たんにあらすじを紹介したのでは、面白くない。大切なのは、その小説がいかに魅力的なものかをアピールすることだ。本を手にとった人が、思わず買ってみたくなるような文章をつくることである。

それには、簡潔なストーリー説明にくわえて、自分なりのスパイスが必要になる。それは困難だが楽しくもある作業のはずだ。その作業を何度もやっているうちに、読んでもらう文章のコツがきっと見えてくる。

小論文の訓練には社説を書き写す

●論理力が身につく格好のテキストの使い方

就職や入試の小論文はノンフィクションだから、文章力のアップには、小説ではなく、ノンフィクションの名作を書き写せばよさそうだ。しかし、こうした作品はだいたい大作が多く、原稿用紙二～三枚の小論文には不向き。こんなときは、新聞の社説がもっともいいテキストになる。

新聞の社説は、長さが小論文とほぼ同じだし、文章は論理的で起承転結がある。小論文の場合、何より文章が論理的であることが求められるから、社説はかっこうのテキストになる。

社説は、ふだんはさらりと読み流してしまいがちだが、じっさいに書いてみると、そう簡単に書けるものではないことがわかってくる。

新聞の社説は、何百万人という読者がよく目を通すところである。論理が途中で破綻《はたん》するのはもってのほかだし、多くの人に初歩的な疑問を抱かせるような文章でもダメだ。

多くの読者を納得させるほどのものでないと世に出せないわけで、新聞の社説はそうした条件をいちおうクリアしている。

さらに、同じテーマをとりあげても、新聞社によって社説の論調が一八〇度違うことがある。そのあたりを読み比べたり、書き比べたりするのも面白い。

同じテーマを扱いながら、最後に白というか、黒というか。各社の社説を読み比べてみれば、論理的な文章の書き方がより身につくはずだ。

他人の文章を削ってみる

●「推敲力」に磨きをかける方法

まえに、推敲《すいこう》では文章を削ることがいかに大切かという話を紹介した。

そのためのいいトレーニングがある。それは、他人の書いた文章を削ってみるということである。

素材は、まずは新聞や雑誌の投書がいい。

自分が書いた文章を削るのはむずかしいものだが、他人の書いた文章はアラがよく見えるため、平気で削れる。まして、それがふつうの人の書いた文章なら、なおさらである。

こうして削りのコツがわかってきたら、つぎはプロの物書きが書いた文章を削ってみる。

プロの物書きが書いた文章なのだから、スキがないように思えるかもしれないが、あと一〇行、あと二〇行削ってみようと決めてやってみると、案外そうでもないことがわかってくる。

削ってみたら、プロの書いた文章でも、ずっとよくなることも多い。

文章の極意のひとつに〝簡にして要を得る〟というものがある。

一語の無駄《むだ》もなく、しかも読んだ人がすっと理解できればまずは合格。

さらに、読み手を感銘《かんめい》させたり、感動させたりすることができれば、その文章は一〇〇点満点だろう。

そういう書き手は、プロにもそうはいない。しかし、あなたが目指すべきところは、そこである。

フローチャートで"頭の整理力"をきたえる

本の内容をフローチャートにしてみる

●"頭の整理力"を鍛え、文章の説得力がアップ

好きなジャンルで、理解しづらい本を選び、その内容を図式化してみよう。論理の流れをビジュアル化することで、「頭の整理力」が鍛えられる。これは、説得力のある文章を書く格好のトレーニングだ

ビジネスの世界では、何かを売りこもうとするとき、フローチャートを作成することがある。

フローチャートとは、内容を矢印を使ったり、線でくくったりして、図式化したもの。

その目的は、内容を相手にわかりやすく伝えることにあるが、フローチャートにはまったく別の効用もある。

それは、フローチャートをつくることで、つくった当人の頭が整理されるということだ。

ビジネスモデルをフローチャート化しているうちに、流れの悪い部分が明確になってくる。その流れの悪い部分をどうするか考えることで、企画はより洗練されたものになっていくわけだ。

フローチャートは、ビジネスだけでなく、文章の上達にも利用できる。話や論理の流れをフローチャート化してみるのだ。

選ぶ本は、自分の好きなジャンルだが、なかなか理解しづらい本がいい。

そんな本の内容を図式化してみると、いろいろなことがわかってくる。これまで無関係に思えた事柄が、じつは関係があったり、これまでわからなかった説明が、じつはすでに理解していた事柄について、別の視点から見たときの説明だったり。

こうして**本の内容をフローチャート化すれば、論理の流れをはっきりさせることができる。少なくとも自分の頭の中では整理されたわけで、この整理する力が文章を書くときに役立ってくる。**

文章を書くということは、いろいろな事柄を整理し、論理的につないでいく作業である。

その整理がいい加減だと、文章もわかりにくいものになる。逆にうまく整理できれば、文章に説得力も生まれる。

本の内容をフローチャート化する作業は、文章の説得力をかならずアップさせてくれる。

スポーツの決定的瞬間を“デッサン”してみる

●対象を正確に観察し、再現する文章トレーニング

対象を正確に観察し、再現する「文章のデッサン力」を鍛えるには
スポーツの決定的瞬間が格好の素材になる

絵画の基本は、デッサンである。鉛筆なら鉛筆だけを使って対象の形や明暗などを描き出すデッサンは、対象を正確に観察し、再現することがポイントになる。

文章でも、対象を正確に観察し、再現することはとても重要である。凝《こ》った文体や比《ひ》喩《ゆ》を使って読み手をうならせるのは、文章のデッサン力がついてからだ。

では、文章のデッサン力をつけるためにはどうすればいいのか。音楽評論家として知られる吉田秀和氏は、相撲《すもう》を見て、その勝負の経過をできるだけくわしく、正確に記述するトレーニングを何年もつづけたと述べている。

野球やサッカー、相撲などスポーツの決定的瞬間は、ほんの数秒である。イチロー選手のひと振り、中村俊輔《しゅんすけ》選手のひと蹴《け》りが、状況を一変させる。その瞬間を文章でデッサンしようというわけだ。

しかし、じっさいにやってみると、決定的瞬間を「再現する」とはいっても、ただ起こった出来事を時系列で書けばいいというものではないことがわかってくる。

その瞬間の事実をどんなに緻密《ちみつ》に描写したところで、その決定的瞬間のもつ“大きさ”はなかなか伝わらない。その決定的瞬間を軸《じく》にして、時間と空間を広げていくことで、初めて決定的瞬間の意味を語れることがわかってくる。

たとえば、一九九七年のワールドカップ・アジア予選で、日本は出場権をかけてイランとの最終戦にのぞんだ。このイラン戦でのひとつの決定的瞬間は、カズこと三浦知良《かずよし》選手が途中で退場を告げられるシーンだろう。

三浦選手は「えっ、おれのこと?」と怪訝《けげん》な顔をしてピッチを去っていった。きわめて印象的なシーンだったが、この決定的瞬間を再現するためには、ただ三浦選手の表情を描けばいいというものではないはずだ。

それまで、三浦選手は日本チームの象徴的存在だった。その三浦選手が退くことの歴史的な意味も書かなければならないし、その決断にまで及んだ岡田監督の心理やチームメイトの表情など、書くことはいくらでもある。

スポーツの決定的瞬間を描くためには、さまざまな視点が必要になる。そのことは、沢木耕太郎の『一瞬の夏』(新潮文庫)や山際淳二の「江夏の21球」(『スローカーブを、もう一度』・角川文庫)など、優《すぐ》れたスポーツ・ノンフィクションを読めばわかる。何を伝えたいか、そのための構成をどうするかまで考えないと、瞬間は正しく描写できない。

これはきわめて練習しがいのある文章トレーニングといえる。

日記を書いて文章力を鍛える

●いますぐ始められて、効果テキメンの知恵

永《なが》井《い》荷《か》風《ふう》の『断腸亭日《だんちょうていにち》乗《じょう》』、山田風太郎《ふうたろう》の『戦中派不戦日記』など、小説の名手といわれる作家たちの中には、優れた日記を書き残した人が少なくない。

もちろん彼らは、文章修業のつもりで日記を書いたのではないだろうが、日記を書くことで文章力がアップするのは事実だ。

ひとつは、毎日、日記をつける習慣にある。日記を書こうとすれば、毎日いやでも机にむかわなければならないが、それだけでも意味がある。

ふつうに生活していると、文章を書く機会は意外に少ないものだ。が、**日記なら、たとえ一行でも毎日、文章を書くことになる。書く回数がふえれば、それだけ文章は上達するのだ。**

また、日記を書くとなれば、今日一日の中から何かネタを探し出さなければならない。しかし、毎日、突拍子《とっぴょうし》もないことが起こるはずもなく、たいていは日常のくり返しだ。

そんないっけん平凡な生活の中から、日記に書くネタを見つけるためには、観察力がいる。つまり、**日記は、文章を書くのに必要な観察力も養える**のである。

さらに、日記は、後日、文章を書くときの参考になることもある。**文章を書いていて、具体的な描写に困ったとき、古い日記にヒントが詰まっていたということもある。**

日記といっても、大上段に構える必要はない。たとえば池波正太郎《いけなみしょうたろう》は、その日、何を食べたかという「食べ物日記」を何十年とつづけていたという。食べた料理に食べた場所、いっしょに食べた人などを記していくだけの日記だが、彼の作品に思わず唾《つば》の出そうな食事のシーンが多いのは、こうした日記のせいもあったと思われる。

テーマをしぼって日記を書く効果とは

雑誌には、「私の読書日記」とか「私の食べ物日記」といったコーナーがある。毎月か毎週、著名人が代わる代わるひとつのテーマについてつづった日記を公開するというものだが、このやり方は、ふつうの人にも大いに参考になる。

テーマは何でもいいから、ひとつにしぼる。読書や食べ物のほか、映画や音楽でもいいし、会った人や道路事情というのでもいい。要は、自分が興味をもち、すこし深めていきたいものなら何でもいい。

この日記の効用は、ひとつには日記を苦手とする人でもとりかかりやすいことだ。

日記を書くということは、ある意味で日常という広大な海を相手にするわけで、気が滅入《めい》る人もいるだろう。

しかし、**テーマをひとつにしぼった日記なら、範囲が限定されているだけに、とりかかりやすい。**それも自分の興味あるテーマを扱うわけだから、苦痛を感じなくてすむ。

さらに、この日記は、**自分の興味をもっていることに範囲がかぎられているため、ふつうの日記よりも内容が深くなる。**深い内容を書くからには、論理の組み立てもしっかりしたものにしなければならない。あれこれ書きたいことを整理していく必要もあり、そこで文章を整理する力が磨かれていく。

この日記は、いつも同じテーマである必要はない。ときどきテーマを変えていくことで、飽《あ》きも追放できる。日記を長続きさせるひとつのテクニックといえる。

おわりに

学校の授業では、現代文や文法は習っても、
「文章の書き方」については教わりませんでした。
本書を読んで初めて、「文章には、こんな書き方の
コツやテクニックがあったのか」と驚かれた方も
多かったのではないでしょうか。
文章は、とくに意識しなくても、誰もがふつうに書けます。
でも、「頭がいい人」は、本書で紹介したような書き方の
極意を知ったうえで、自分なりに研鑽《けんさん》を積んでいくので、
「うまい」といわれる文章になるのです。
上手な文章を書ける力は、一生の財産です。
読者のみなさまの文章力にますます磨きがかかり、
仕事やプライベートに役立てていただけたら、
これに勝る喜びはありません。

※本書は、『「頭がいい人」と言われる文章の書き方』(KAWADE夢新書)を「イラスト図解版」として加筆・再編集したものです。

参考文献
『読ませる技術』山口文憲、『ダカーポの文章上達講座』ダカーポ編集部編(以上、マガジンハウス)／『うまい！と言われる文章の技術』轡田隆史(三笠書房)／『知のソフトウェア』立花隆、『考える技術・書く技術』板坂元(以上、講談社)／『書く技術』森脇逸男(創元社)／『成川式文章の書き方』成川豊彦(PHP研究所)

小泉十三(こいずみ・じゅうぞう)

1956年生まれ。早稲田大学文学部卒業後、出版社に入社し、書籍の編集に携わる。その後、独立し、単行本、雑誌への執筆活動を精力的に行なっている。著書には、昨今の「頭がいい人」本ブームの原点となった大ベストセラー『頭がいい人の習慣術』をはじめ、『頭がいい人の45歳からの習慣術』『頭がいい人の会話術』『いつのまにかお金がたまる人の習慣術』(いずれも小社刊)などがある。

イラスト図解版
頭がいい人の文章の書き方

2008年12月5日　初版発行
2018年3月30日　29刷発行

著者――小泉十三と日本語倶楽部

企画・編集――株式会社夢の設計社
東京都新宿区山吹町261
〒162-0801
TEL(03)3267-7851(編集)

発行者――小野寺優
発行所――株式会社河出書房新社
東京都渋谷区千駄ヶ谷2-32-2
〒151-0051
TEL(03)3404-1201(営業)
http://www.kawade.co.jp/

デザイン――スタジオ・ファム
カバーイラスト――朝倉めぐみ
本文イラスト――山本サトル
所ゆきよし

DTP――アルファヴィル
印刷・製本――中央精版印刷株式会社

Printed in Japan ISBN978-4-309-65093-7